もうあとがないあなたに!

もっと自分が好きになる!

元プロボクサーだからわかる最高の腸活

ダイエットコーチ
太田優士

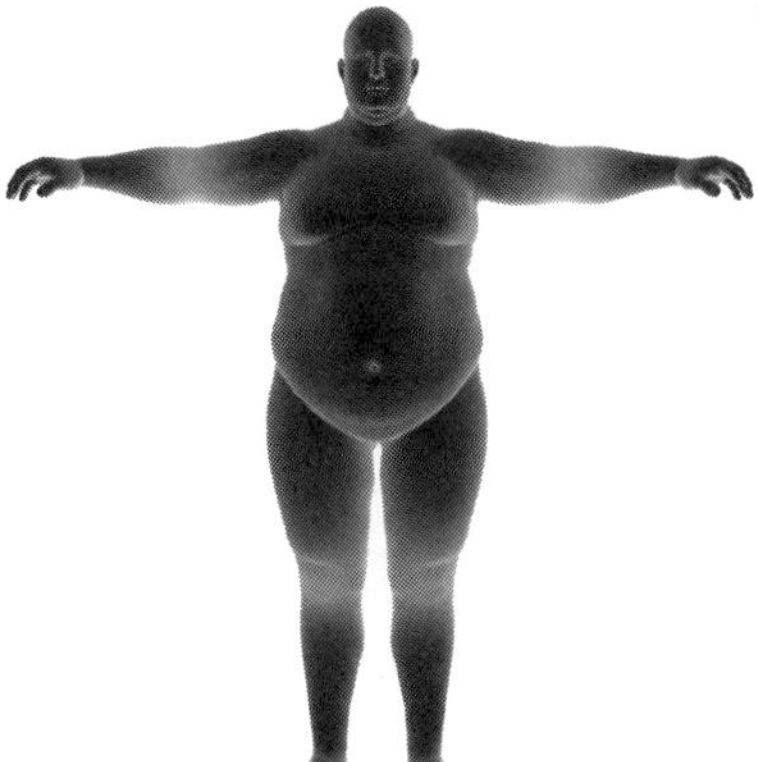

究極の

スリムダイエット術

コスモ21

見た目が気になって
しかたない自分がいる

「体重」「くびれ」

数値を気にしすぎて落とし穴にはまる

「目標の数値に到達できない」を
くり返して気落ちする

「どれだけ痩せるか」ではなく
「いかに輝くか」が大事！

ダイエットでいちばん大切なことは

〝自分を大好きになる〟こと

もっと自分が好きになる！ 究極のスリムダイエット術

目次

プロローグ いちばん大切なのは自分を大好きになること！

「体重」「くびれ」数値の落とし穴 …… 019

「どれだけ痩せるか」ではなく「いかに輝くか」が大事 …… 023

ダイエットは生き方そのもの …… 024

1章 メンタル編

ダイエットしているつもり、から脱却できるメンタル術！

ダイエットに失敗したと思い込む5つの理由 …… 028

（1）痩せた自分を想像できない …… 029

（2）途中でモチベーションが下がってしまう …… 030

（3）周りと比べて自分はそれほど食べていないと思い込む …… 031

（4）50キロの呪縛にとらわれる……032
（5）“やる気”の落とし穴にはまる……035
ダイエット中の気持ちの変化とうまく付き合う……039
自分を好きになれればダイエットは成功する……042
できるだけストレスを軽くする……043
「〜な自分になる」と決める……045
ダイエットを優先順位の一番にする……046
仲間とともに頑張る……049
勝っても負けても続けることが大事……054
4つの「変える」からはじめる……056
コラム リバウンドの恐怖……066

2章 腸内環境編

ダイエットはほんとうは「腸」で決まる

腸をキレイにすることがダイエット成功への最高の近道……070

プロボクサーの減量体験で腸の大切さを確信……073
トップアスリートの食生活も〝腸にいい〟がカギ……075
ダイエットにいい食習慣は食事を見直すことから……080
便秘はダイエットの大敵……083
腸と脳はつながっている……087
「東京ガールズコレクション」ぽっちゃりモデルが劇的変身！……089

3章 食事編

健康で美しい体型が一生続く食生活

「私たちの体は食べたものでできている」……106
カロリー計算はやめよう……107
カロリー中心のダイエットからの脱却……109
ダイエット成功にはカロリーよりもGI値……110
痩せるために食べる……112
食材は5色でチェック……115

PFCバランスを整えよう……118
「孫は優しい超元気」で体が喜ぶダイエットを！……122
日本が誇る発酵食品でさらに美しく健康に！……124
ビタミン、ミネラルを摂取して代謝をアップ……126
良質な油で体脂肪を洗い流す……128
腸を汚し体を汚す食品はできるだけ避ける……130
食品添加物との決別で体が劇的変化！……134
NG例 やってみましたグルテン生活……140
コラム 「体型で人生の満足感が変わる？」……145

4章 実践編

腸をキレイにするダイエット「4ステップ」

理想の体型を手に入れよう……148
STEP1 自分の理想体重を把握しよう――無理のない範囲で目標体重を設定する……149
STEP2 リセット期間――3日間は通常食、その後の4日間は徐々に食事量を減らしていく……151

STEP3　ダイエット期間――美腸食、美腸エクササイズを中心に約1カ月の本格ダイエット期間に入る……156
STEP4　美腸ライフの定着――意識を変えて自己肯定感アップ&体重維持……164

5章　エクササイズ編

ダイエットにいい究極の運動術！

ダイエットには無酸素運動のほうが効果的……172
無酸素運動と有酸素運動の組み合わせでさらに効果アップ……175
1日3分エクササイズ……177
基本メニュー1　美脚ワイドスクワット……182
基本メニュー2　ウエストくびれエクササイズ……184
基本メニュー3　背中美人スーパーマン……186
エクササイズ1　キャットストレッチ……188
エクササイズ2　チャイルドポーズ……190
エクササイズ3　ガス抜きのポーズ……192
エクササイズ4　下腹引きしめエクササイズ……194

エクササイズ5 **美尻ブリッジ** 196
エクササイズ6 **コブラのポーズ** 198
エクササイズ7 **全身伸ばし** 200
エクササイズ8 **メディテーション** 201

おわりに 202

カバー・本文デザイン◆中村　聡
本文イラスト◆和田慧子
企　　画◆ケイズパートナーズ

プロローグ

いちばん大切なのは自分を大好きになること!

「体重」「くびれ」数値の落とし穴

「○月○日までに痩せないといけないんです！　どうにかしてください！　時間がないんです！」

血相を変えて飛び込んできたAさん。理由を聞くと、結婚式を控えているとのこと。これまでもいろいろなダイエットを試してきたが、結果はどれも失敗したといいます。続かなかったり、すぐリバウンドしてしまったり。

ダイエットを繰り返すほど自分に自信がなくなり、自分はダメな人間だと気落ちすることが多くなったというのです。こんな気持ちになるくらいなら、ダイエットはもういいやと諦めていました。こんな自分は見た目もよくないし、誰も好きになってはくれないと思い込んでいたそうです。

そんなAさんが大好きな彼と結婚することになったのです。やっぱり今よりスリムでキレイになった姿で結婚式を迎えたい！　彼も応援すると言ってくれている。「せっかくの結婚式なんだから、今までいちばんキレイな自分を彼や式に参加してくれる人たちに見てもらいたい」

それには、体重を減らして痩せないといけない。でも、そう思うほど「また失敗したらどうしよう。うまく痩せても、やつれて見えたらどうしよう」と不安のほうが大きくなります。

それまでのAさんは、いつも見た目が気になり、こんな自分だからダメなんだ、だからもっと痩せてキレイになりたいと、何度もダイエットに挑戦していました。

ダイエットを取り上げた雑誌や広告には、何キロ痩せたとか、ウエストがマイナス何センチなどとダイエット効果を大きく謳《うた》っているものがたくさんあります。Aさんも、そんなダイエットのイメージにとらわれていました。

ところが、やってみると、体調を崩したり、リバウンドして体重が増えてしまう人が驚くほど多いのです。

もちろんスリムな体でいたいと願うのは自然なことです。そのために体重とかウエストの数値を意識するのは当然ですが、数値のことばかり気にすると、落とし穴にはまる危険性があるのです。受験ではありませんが、目標の数値に到達できない自分はダメな人間だと感じてしまいやすいのです。

Aさんも、体重を何キロまで落としてスリムになる、ウエストを何センチダウンさせてくびれをつくることを目指し、何度もダイエットに取り組んでいました。しかし、目標の数値に到達できない自分はダメ人間だと自己否定するという繰り返しでした。

いつも、はじめは厳しい食事制限やつらいトレーニングを何とか続けますが、ある程度までいくと体重が減らず、そのうちやる気が失せる。ダイエットを止めると、体重は元に戻り、リバウンドすることに。ときには、ムリしすぎて体調を壊すこともあったようです。

Aさんに残ったのは、やっぱり自分はダメ人間なんだという自己嫌悪感、そして見た目が気になってしかたない自分です。それでも、大好きな彼との結婚式では何としてもスリムになったキレイな自分を見せたいと私の元に来られたのです。

私がダイエットカウンセリングしている女性たちのなかには、〝自分の体型＝商品〟のようなお仕事をされている方もかなりいます。体型が職業能力の一部になっているため、常に痩せることにプレッシャーを感じています。

ちょっとでも太ると、はやく痩せなきゃ、必ず痩せなきゃと思うのですが、なかなか痩せられず時間ばかり過ぎていきます。しかも、過去のダイエットがそうであったように、また「苦しいダイエット」をやることになります。

「ダイエット＝苦しい」のは、厳しい食事制限、つらいトレーニングがダイエットであり、それに耐えても痩せないといけないと思うからです。私の元にやって来られるときも、そう思って来られます。

本書で紹介する究極のスリムダイエット術にチャレンジすれば、この「ダイエット＝苦しい」が「ダイエット＝幸せ」に変わります。苦しまずにスリムになれます。そして、変化した自分が大好きになります。私はこの究極のスリムダイエット術を「太田式グレートダイエット」としてこれまで多くの方にお伝えし、指導してきました。

「どれだけ痩せるか」ではなく「いかに輝くか」が大事

ダイエットでいちばん大切なのは、自分を大好きになることです。大好きな自分をもっと美しく輝かせて、大切な人たちにも喜んでもらえる自分になる。それを目指すのがダイエット本来の姿なのです。

そのことに気づくと、食事制限なしで、つらいトレーニングなしで、ストレスなしで、リバウンドのないダイエットが可能になります。Aさんも、楽しくダイエットに取り組み、「これまででいちばん好きな自分になれました」と自己肯定感マックスで結婚式の日を迎えました。

結婚式には私も招待されて参加しました。Aさんの笑顔のなんて素敵なこと。そして、そのAさんを見つめるご主人のうれしそうな顔。おふたりとも心から喜んでいるのがわかります。この日のためにAさんが頑張ってきた姿を間近で見てきているので、余計に感動しました。

たとえ減量に成功しても、結婚式当日、こんな自分で大丈夫かなと不安に押しつぶされそうだったら……Aさんは、けっしてそんな自分を願ってはいなかったでしょう。

ダイエットは生き方そのもの

あなたはダイエット（diet）を、「痩せること」「減量すること」だと思っていませんか？　たしかに日本では、そういった意味で使われることが多いでしょう。

じつは、ダイエットの本来の意味は食習慣です。習慣は生き方の表われですから、ダイエットには生き方が色濃く反映されます。

そのことに気づいていただくために、私はカウンセリングのはじめに「体重のことは忘れてください」とお話しします。「50キロ以下まで痩せる」ことがダイエットだという思い込みがダイエットを難しくしているからです。

本書でもおもには痩せるためにはどうすべきかをお伝えしていますが、50キロ以下になることと、美しく輝く自分になることはイコールではありません。「この自分が大好き」という自己肯定感こそが美しさの源なのです。

私がすすめている「太田式グレートダイエット」を体験すると、よくこんな反応が出てきます。

「体型が変わったねと言われると、ほんとうにうれしくなります」

「いろんな人と前向きに向き合えるようになりました」

「彼氏ができて結婚できました」

ダイエットが成功することによって自分のことが好きになると、人間関係が変わってきます。これこそダイエット本来の姿です。

ダイエットコーチとして私が目指しているのは、そんなダイエットをサポートすることです。本書もそのために執筆しました。

まず1章は、「太田式グレートダイエット」の土台になるメンタル術です。食習慣であるダイエットがうまくいかないメンタル面の理由や、もっとも効果的な対処法を説明します。

実際の食習慣は、食べる食材や食べ方、さらに運動の仕方で決まります。ですからダイエットでは食事制限やトレーニングを組み合わせますが、いちばん大切なのは腸をキレイにすることです。

そこで2章は、脳の働き（メンタル）と深く結びついている腸をキレイにするダイエット術です。「体の内側からキレイ」にするには、腸をキレイにするのがいちばんです。

3章は、そのための食生活です。カロリーや食材について理解することは必要ですが、日本人なら誰でもすぐ始められる食事があります。それは、今世界から注目されている日本食です。いわゆる「一汁三菜」こそ、最高のダイエット食なのです。

4章と5章は「太田式グレートダイエット」の実践編です。1日3分続けるだけで腸を整える効果があるエクササイズもありますから、ぜひ試してみてください。


繰り返します。ダイエットは体重やくびれのためにだけ行なうわけではありません。自分のことが大好きになり、自分を輝かせるために行なうのです。食事を変えたり、トレーニングをしたりするのは、そのための手段にすぎません。

このことがわかれば、ダイエットに失敗することはありません。「太田式グレートダイエット」はあなたを輝かせるためのお手伝いをする究極のスリムダイエット術です。本書が、あなたの人生に笑顔と喜びをお届けする道案内になることを願ってやみません。

1 章

メンタル編

ダイエットしているつもり、から
脱却できるメンタル術！

ダイエットに失敗したと思い込む5つの理由

「もうダイエットをはじめていますか？」

カウンセリングに来た人に、私は真っ先にそう聞きます。

「ええっと、ああっと……いえ、まだこれからです」

そういう人がほとんどです。ほんとうは何度挑戦してもうまくいかなかったので、私のダイエットカウンセリングに来られます。

私は「ほんとうは、ダイエットする必要はないんじゃないですか？」と問いかけます。すると、

「そんなことないです」「このままじゃ、やばいんです」「ダイエットしているのに痩せないんです」「ダイエットしたら逆に体重が増えてしまって」「1カ月に10キロ落とせますか？」

と立て続けに話されます。

ダイエットがうまくいかなかった理由は、体重が思ったように減らなかったこと自

体にあるわけではないのです。そう思い込んでしまった心の中にこそ本当の理由があるのです。

(1)瘦せた自分を想像できない

「今までダイエットをしたことがありますか?」

と聞くと

「はい。いろいろしてきましたが、一度も成功したことがなくて……」

「子どものころからずっとデブキャラです」

といった言葉が返ってきます。

瘦せた自分の姿をイメージできていないのです。これでは、いくらダイエットを志してもうまくはいきません。何でもそうですが、目指す目標を明確にイメージしていないと、途中で思うように体が変化しなくなったとき、何のためにやっているのかわからなくなり、挫折してしまいやすいのです。

結局、今の自分でも居心地がいいと感じて、瘦せた自分に変わろうという気持ちが失せてしまいます。

（２）途中でモチベーションが下がってしまう

「今までどんなダイエットをしてきたのですか？」

「最初はけっこう痩せるんですけど、いつも途中から体重が落ちなくなって……」

こんな会話になることがよくあります。

うまくスイッチが入ると、最初はスムーズに体重が落ちていきます。けれど、どんな人でも、そのまま体重が減り続けることはありません。途中で停滞期があります。このとき、最初の意気込みが強い人ほど、モチベーションが下がりイヤになってしまいます。スタートダッシュはいいけれど、張り切りすぎて、途中でガス欠になってしまうのです。

どんなに順調にダイエットできていても、停滞期をうまく乗り切ることができないと挫折してしまいます。それどころか、もっと痩せにくい体質になってしまうことも意外に多いのです。

（3）周りと比べて自分はそれほど食べていないと思い込む

「今までいろいろなダイエットをしながら、成功しない原因は何だと思いますか？」

「やっぱり食べすぎなんだと思いますが。でも周りの人と比べて、そんなにたくさん食べているとは思いません。体質もあるのでしょうか」

こんな会話になることがよくあります。

「それほど食べていないのに痩せない」「食べる以上に太ってしまう」という人がほんとうに多いのですが、実際は食べすぎています。自分が食べていることは棚に上げて、痩せているのにたくさん食べている（ように見える）人と比べ、自分が痩せない本当の原因からは目を背けています。

実際、自覚のないまま、けっこう間食をしていることが多いのです。それは、食事を含めて自分の生活が正しく把握できないからです。そのままダイエットをしていても、うまくいきません。

（４）50キロの呪縛にとらわれる

「今までダイエットで成功したことがありますか？」

「いつも52キロまでは落とせるんですが、そこから先が落ちなくて……」

あともう少しで50キロというところまでいきながら、その先がなかなか落ちないといいます。そのうち諦めてしまいます。

じつは、私たちは「50キロの呪縛」にとらわれているのです。

もちろん、ダイエットをする以上、目の前の数字が気になるのは自然なことです。ダイエットカウンセリングをしていても、「50キロを切りたいんです」という方はとても多いのです。

身長や骨格は人によって違うのに、50キロを切りたいと願うのです。とくに20代の若い女性に顕著です。

たとえば身長が１４０センチで体重が50キロですと、肥満度を示すＢＭＩ（ボディマス指数：体重と身長の関係から算出される肥満度を表わす体格指数）は軽肥満になります。これですと、ダイエットする必要があるかもしれません。

しかし、身長が１５０センチ台の方も１６０センチ台の方も、それこそ１７０センチある方まで50キロを切りたいと言うのです。どうしてそこまで50キロを切ることに執着するのか、お客様に聞きますと必ず「50キロ台＝デブ」だと言います。

たしかに、テレビ画面に映し出されるモデルの女性たち、今をときめくアイドルグループなど若い女性が憧れる人たちは、みんなスラリとしています。細い手足に小さな顔で、痩せている人ばかり。

20代前半の女性向けファッション雑誌を見ても、登場するモデルはみな痩せています（ＢＭＩ指数で見ても痩せています）。そこにはモデルの身長と体重が記載されていて、身長が１６０センチ台でもほとんどは体重40キロ台です。

そんな情報に接していると、「なるほど、そういうことだったのか！　美しい人は40キロ台なんだ」と刷り込まれてしまいます。しかし、モデルは職業であり、健康面にいいかどうかは別にして、できるかぎり痩せて見えるようにしているのです。

２０１７年、ファッション大国フランスでモデルの痩せすぎを禁止する法律が施行されました。そんなファッションモデルに憧れる若い世代を摂食障害の危険から守るためです。

これによって、モデルたちはＢＭＩが低すぎず、健康体であることを証明する医師の診断書が必要になりました。また、痩せすぎのモデルや、体形を極端に細く修正したモデル画像を掲載することも禁止されました。

フランスと同じように日本でも摂食障害は大きな社会問題となっています。私のダイエットカウンセリングでも、体重にばかりとらわれ、摂食障害になってしまったという方がかなりいます。無理なダイエットを繰り返した結果、拒食症と過食症を繰り返すことが多いのです。

この拒食症や過食症といった摂食障害は、普通の食事に戻せば改善するほど簡単ではありません。根本から治さなければ何度でも再発するといわれます。

摂食障害の裏には、自分を愛せない、孤独感、虚無感といった心理が深く関係しています。そんな心理状態で、体重が自分の唯一のステータスだと思い込んでしまうと、体重の変化に異常なほど敏感になります。体重がうまく減らないのは自分のせいだと決めつけ、その自分を痛めつけるようになります。

家庭環境も関係していますから、家族も一緒になって治療に取り組まないとうまくいきません。

摂食障害の傾向がある人は、ダイエットに取り組む前に、専門の医療機関や心理カウンセラーの力を借りて、心理面のケアから始める必要があります。

「太田式グレートダイエット」では、「痩せること＝美しいことではない」と考えています。本当の美しさは体重だけで決まるのではありません。デートの日や結婚式の日など大切な日に美しく輝いている自分になること、大好きな服を着たときにうれしいと感じられる自分になることです。そんな自分になれるという希望が湧いてくると、体重50キロへのこだわりから自然に解放されます。

(5)〝やる気〟の落とし穴にはまる

「ダイエットでいちばん大切なものって、何だと思いますか？」

「やる気……ですか？」

このやり取りもダイエットカウンセリングでよく出てきます。

果たして〝やる気〟はダイエットに欠かせないものなのでしょうか。失敗している人はやる気がなかったのでしょうか。

やる気には大きく分けて2種類あります。一時的なやる気と、ずっと続くやる気です。ほとんどの場合は、一時的なやる気で何かを始めているでしょう。カウンセリングをしていますと、ダイエットへのやる気も、ほとんどはこちらのやる気です。

そのことを本人も感じているので、「やる気が続かないんです。どうしたらやる気をキープできますか？」という質問を受けることがよくあります。

そんなとき、私はこう答えています。

「やる気に頼ってダイエットをするから失敗するんですよ」

たとえば、テレビの通販番組や雑誌の広告を思い出してください。「これをやれば筋肉ムキムキ」「寝ているだけでウォーキング○○分の効果」「飲むだけで脂肪や体重がスルスル落ちる」……こんな広告を目にすることはよくあるでしょう。

それに刺激されてやる気になり購入しても、早い人は商品が届いたころにはやる気が失せています。

ダイエットの本も同じです。立ち読みしているときはやる気を刺激され、自分もできそうな気がします。それで本を買ってはみたけど、そのまま机の上に置きっぱなしという話をよく聞きます。

たとえ読んだとしても、「ふ～ん、そうか、そうか」「食事制限なしって言っても、お酒は飲んじゃだめなのか」「結局は運動しろってことか」。そんなことはわかっているけど……と思い、部屋のどこかに置いたら、それっきり。

私はたくさんのダイエット指導をしてきましたが、一時的なやる気は、かえって失敗のモトになります。なかには、一時的なやる気しかないのに目標は高いという人もいますが、ますます途中で挫折しやすくなります。

やる気が強すぎると、かえってうまくいきません。バーンアウト、燃え尽き症候群という落とし穴にはまりやすいのです。長年プロボクシングの世界にいた私には、このことがとくによくわかります。

試合に向けてやる気が強ければ強いほど、挫折を味わうと立ち上がるのが難しくなるのです。燃え尽きてしまい、すっかり目標を見失ってしまいます。

なので大事なのは、やる気があるなしより、ボクシングの試合で最高のパフォーマンスを発揮する自分、ダイエットに成功した自分を最初にイメージすることなのです。

ダイエットした自分がデートしている場面でもいいでしょう。結婚式で花嫁衣装に包まれ、みんなから祝福されている場面でもいいでしょう。憧れの服を着てお出かけする場面でもいいでしょう。できるだけ具体的にイメージしてみるほど、ダイエットを続けやすくなります。

もちろん、やる気が必要ないということではありません。やる気が空回りしない工夫が必要なのです。

今度こそやる気を失わずに頑張るぞとダイエットを始めても、今度も失敗することがほとんどなのです。だから、最初からやる気は続かないと思って、やる気を長続きさせる工夫をすることです。

なまけグセがある人はとにかくヨガスタジオなどに入会してしまうこと。やる気がない日でもとりあえず行ってみると周りの人たちに影響されていつの間にか自分も体を動かすリズムができてきます。リズムができることで食事の管理なども続けやすくなります。

お風呂あがりに鏡を見るのもいいでしょう。姿見でチェックすることで緊張感を保てます。モデル気分も味わえてテンションも上がります。

そして、友人や同僚の前でダイエット宣言してしまうこと。言ったからにはやらないといけないということでモチベーションが維持できます。

ダイエット中の気持ちの変化とうまく付き合う

ダイエットがうまくいかない本当の理由は心の中にあるのです。にもかかわらず、ダイエットといえば体重だ、体型だと体のことにばかり関心が行ってしまいがちです。しかし、ダイエット現場にいますと、気持ちの持ち方で結果はまったく違ってくると、はっきりわかります。

ダイエットは、はじめに目標を設定するときにもっともモチベーションが高くなります。ところが、それが落とし穴になるのです。最初にモチベーションが高いほど、あとは下がる一方だからです。

それは誰でも避けられないことで、モチベーションが下がることを問い詰めても逆効果になるだけです。それよりも、そうした気持ちの変化とうまく向き合っていくことがダイエット成功のコツなのです。そのポイントは次の3つです。

Point ❶ あれもこれもやろうとしない

とくにダイエットは、〝頑張る〟ほど苦しくなります。途中で諦めてしまうことも多いのです。ですから、あれもこれもと頑張るより、たとえひとつでもいいから継続できることを増やしていくようにします。結果よりも継続して行なうことを大事にして習慣化していくことです。

Point ❷ 外見から自分を変えてみる

自分のことが嫌いな人や引っ込み思案な人は、自分から悪くなる方向へと進んでしまうことが多いものです。同じことがダイエットでもいえます。「どうせ自分なんかダイエットに成功しないダメな人間だ」と自己否定しやすいのです。そんな気持ちでダイエットに成功することは難しい。

ダイエットに対して抱いている否定的な感情をポジティブなものに変えるには、ちょっとしたことでもいいから〝変えてみる〟ことです。たとえば、否定的な感情は部屋の状態や服装にも出やすいので、部屋をキレイに整理整頓する、今まで着なかったような服にチャレンジしてみる。こんなことから始めてもいいのです。きっと心に変化が現われてきますよ。

Point ❸ 自分自身を素敵にだます

モテない自分は変わらないと思い込んでいる人は意外に多いのですが、そのままだとダイエットも難しいのです。心の中ではウソだと思ってもいいので、自分自身を素敵にだましてみてください。

たとえば毎日夜寝る前に、どんな小さなことでもいいから今日の自分の良かったところを5つくらい書き出してみます。けっして他人と比較しないで、素直に良いかなと思ったら書き出してください。

書き終わったら、それを読みながら、「わたしにもいいところあるんだ」と自分を素敵にだましてください。繰り返していると不思議と、本当にそういう自分なんだと思えてきますよ。

自分を好きになればダイエットは成功する

ダイエットに成功するには、目標に向かって確実に前進している自分を感じることも大事です。それによって自己肯定感が高まっていくからです。

最初はついつい理想が高くなって、モデルのような体型を思い描いたり、褐色の健康的な肌に変わった自分を想像してみたりしてしまうかもしれません。でも、それが本当に実現可能なことなのか、よく考えてみましょう。

あまり現状とかけ離れた目標を設定してしまうと、頑張っても簡単には達成できませんから、挫折感のほうが膨らんでいきます。かといって、ゆるい目標を立てればいいというワケではありません。「なんとなく痩せたいな〜」とか「今日はうまくいかなかったけど、まあいいか」といった意識で取り組んでも成功しません。

できそうな目標を立てて、その目標に向かって一歩一歩進んでいく。目の前のことに全力で取り組む。その積み重ねこそダイエットの成功につながっていくのです。

目標をハッキリと意識するには、紙に書いて声に出して読み上げるのもいいですよ。

お菓子を食べたい、思いっきり飲み食いしたい、ダイエットの運動をサボりたい、そんな誘惑を一つひとつ乗り越えて、自己肯定感をアップさせていくのもいいでしょう。小さなことでも達成感を味わっていると、気づいたら、そんな自分のことが好きになっていますよ。

できるだけストレスを軽くする

肥満のいちばんの原因はストレスです。

この肥満とストレスの関係でコルチゾールというホルモンが注目されています。別名ストレスホルモンとも言われ、ストレスに反応して分泌されます。

適度なコルチゾールには血圧を維持する働きや、脂肪や炭水化物をエネルギーに変える働きがありますが、ストレスで過剰に分泌されると、ダイエットの効果を台無しにします。食欲を過度に刺激したり、ウエスト周りに脂肪がつくように作用したりするからです。

一般にダイエットは節制をしないといけないので、食べたいものが食べられない状態が続きます。それをうまくコントロールできればいいのですが、その状態がストレスになってしまうと、コルチゾールのようなストレスホルモンが増えて、食欲が過剰に刺激され、今まで我慢していた反動で食べすぎてしまいます。

しかも、体はダイエットの影響で以前よりも栄養を吸収しやすい状態になっているため、どんどん太ってしまいます。これがリバウンドです。

ですからダイエットに成功するには、自分を追い込みすぎてストレスを溜めないことがとても重要です。すぐできるストレス対策があります。ストレスに感じていると気づいたら、そのことを箇条書きでいいので書き出していく方法です。書き込みが増えるにつれて、自分は何にストレスを感じやすいかが見えてきます。これだけでも、ストレスを軽くするのに役立ちます。

ストレスの根っこには、頑張っているのにうまくいかないのは自分がダメだからだ、いつも自分はそうだと自分を否定する感覚があります。ダイエットでも、うまくいかないと、この感覚が強くなり自己肯定感を低下させてしまいます。

そうならないためには、どんな小さなことでもダイエットで頑張っていることがあったら自分を思いっきり褒めてあげてください。ときには思い切って息抜きをして自分を静かに見つめ、頑張ってきた自分を認めてあげてください。

「～な自分になる」と決める

ダイエットにはいろいろな準備が必要です。食事のメニューはどうしようか、運動はどの程度やろうか……考えることはたくさんあります。でも、いくら立派なメニューを準備しても、自分で必ず、こんな自分になると決めなければ、すぐに挫折してしまいます。

何をやるにも、決められない自分がいる。そんな自分を感じるといやになる。そうして自己肯定感が低下していきます。ですから、ストレスの話と矛盾するようですが、そろそろ本気でダイエットしようと思っているなら、まず、はっきりと決めましょう。何事も覚悟を決めないことには本気のスイッチが入りません。

覚悟が決まったら、どんなダイエットをするか、できるだけ具体的に決めましょう。

「○キロ痩せる！」

「○月○日までに達成する！」

「◯◯の洋服を着られるようになる！」
「ウエストを◯センチ細くする！」
それを紙に書いて目につくところに貼っておくとか、友達や家族、職場の仲間の前で発表してもいいでしょう。
決めるだけでも、それができた自分が少し好きになれますよ。

ダイエットを優先順位の一番にする

1週間の予定表を作り、日々のコンディション、ダイエットの進み具合、気持ちなどをダイエット日誌（48頁参照）に書き込んでいけば、日々の変化を振り返ることができます。自分のクセを知ることにもなり、サボり心などの対処法が見つかることも。

そうして予定表はつくったものの、続かなかったという人がいます。1日の生活は直接ダイエットに関係することばかりではありません。仕事や家庭生活のためにやることもたくさんあるでしょう。そんなことに追われていると、ついついダイエットのことが後回しになってしまうことだってあるでしょう。

でも、それではダイエットはうまくいきません。いろんなことを意識するなかで、ダイエットへの意識が一番になっていないと成功しません。

ダイエットをサボってもすぐに困るわけではありませんから、つい怠けてしまいやすい。友人から飲みに誘われたりすると、今日だけと自分に言い訳をしてダイエットを後回しに。

そんなときは、今はダイエット中なのでと、はっきり自分の気持ちを伝える勇気をもってください。付き合いの悪いやつだと思われても、優先順位の一番が「ダイエットすること」なのですから、ちゃんと理由を伝えてください。本当に自分との関係を大切に思ってくれている相手ならば、きっとわかってもらえるはずです。

ダイエット日誌

氏名		性別	男・女	年齢	歳	身長	cm
日程	(月)	(火)	(水)	(木)	(金)	(土)	(日)
	／	／	／	／	／	／	／
ストレッチ／エクササイズ	／	／	／	／	／	／	／
体重(朝)							
体重(夜)							
体温							
お通じ							
尿(7回以上)							
睡眠時間							
シャワー／バスタブ	／	／	／	／	／	／	／
日中の眠気							
体調(1～5)							
水 摂取量	ℓ	ℓ	ℓ	ℓ	ℓ	ℓ	ℓ
体の変化							
備考欄							

仲間とともに頑張る

何でもひとりで取り組んでいると、「今日はこれくらいでいいかな。明日やろう」となりがちです。どんなにモチベーションを高めてダイエットを始めても、そのまま保つことは難しいものです。

仕事でも勉強でもスポーツでもそうですが、必ずモチベーションには波があります。問題は下がったときで、いろんな誘惑に負けやすい。いえ、私はモチベーションを維持するよう頑張っていますという人もいますが、きっと疲れてしまいます。

モチベーションを維持しようと思ったら、たまには息抜きをして力を抜くほうがいいのです。ですから私は、ダイエット中に「チートデイ（ドカ食いしてもいい日＝後述）」を設けて、自分に休息を与えることをすすめています。緊張と弛緩をうまく使い分けるのです。

たとえば予定表に「今日は怠けてもいい日」を設けます。その日は、ダイエットのことをすべて忘れて、思いっきり楽しみます。ふと気づくと、最初のモチベーションがよみがえってきて、また頑張るぞと意欲が湧いてきます。

じつは、それでも、ひとりだけでモチベーションを維持するのはかなり辛いことです。ダイエット本を読み返して、もう一度やる気をチャージしても、気づいたら本を積み上げておくだけ、となりやすいのです。

それでも、私はひとりでやるのが好きだし、ひとりでも頑張れるという人はいいでしょう。でも、私はちょっと不安という人は、誰かと一緒にやることをおすすめします。そのほうがまちがいなくダイエットの成功率は高まります。

そのとき注意してほしいことがあります。意欲の弱い人や、否定的なことを言う人、なまけ癖のある人とは一緒にやらないことです。必ず失敗します。

人間は楽なほうに引き寄せられやすい生き物です。あの人がやってないから今日はやらなくていいやと流されます。いろんな理由をつけて、自分を甘やかしてしまいます。いちばんいいのは、自分を引っ張ってくれる人と一緒にやることです。そんな人いない！　という人は、ダイエットの専門トレーナーの下で仲間をつくり、一緒に進めてもいいでしょう。ただし、トレーナーに依存しすぎると、うまくいきません。

私のダイエットカウンセリングの経験では、〝ダイエット仲間〟がいると成功する確率はぐんと高くなります。それには、確かな理由があります。

アドラー心理学を紹介する本がたくさん出版されていますが、すべての問題は人間関係にあると精神科医のアルフレート・アドラーは述べています。あらゆるストレスも人間関係から発生すると考えているのです。

意外に思われるかもしれませんが、ダイエットでもまったく同じです。こういった統計データがあります。ダイエットに悩む女性の太り始めたタイミングを調べたところ、大学生になったとき（一人暮らしを始めた場合も含む）、新社会人になったとき、転職したときだということがわかりました。このように環境の変化、人間関係の変化があったときにストレスを感じて太りやすくなるのです。とくに社会人になった女性のほとんどが職場でのストレスを感じているといいます。ダイエットをするとか、しないとか考えるのも人間関係に影響されているのです。

アドラー心理学では、人間関係から起こる問題を解決するには、何より「共同体感覚」が必要だと説いています。わかりやすく言うと、「自分は共同体のなかで生きているのだから、そのなかで幸せになるよう行動すべきだ」とすすめているのです。

共同体感覚は同じ志を持った仲間と共に頑張ることで生まれます。このことがダイエットの成功においても本当に大切なポイントなのです。

近年、日本ではマンツーマンでダイエットを指導するジムが急増しています。ところが、このやり方ですと、一時的にダイエットに成功しても、卒業と同時にリバウンドしてしまうことが驚くほど多いのです。それはトレーナーへの依存度が高いほど顕著です。

今、アメリカで注目が高まっているダイエット法があります。それは、ダイエットコミュニティーをつくって皆で励まし合いながらダイエットするという方法です。とくにアメリカの「ウェイトウォッチャーズ社」がこの方法に力を入れていますが、たしかにこれまでのダイエットより一歩先を行くもので、感心させられます。

アメリカには、FacebookやInstagram発祥の国らしく、何でも仲間同士でシェアし合う文化があります。ダイエットでもシェアし合うほうが効果的であると考えはじめているのです。

人は「孤独」に弱い生き物です。アメリカのブリガムヤング大学による研究では、友人、家族、隣人、同僚など多くの人間関係をもつ人は、社会的関係が少ない寂しい人と比

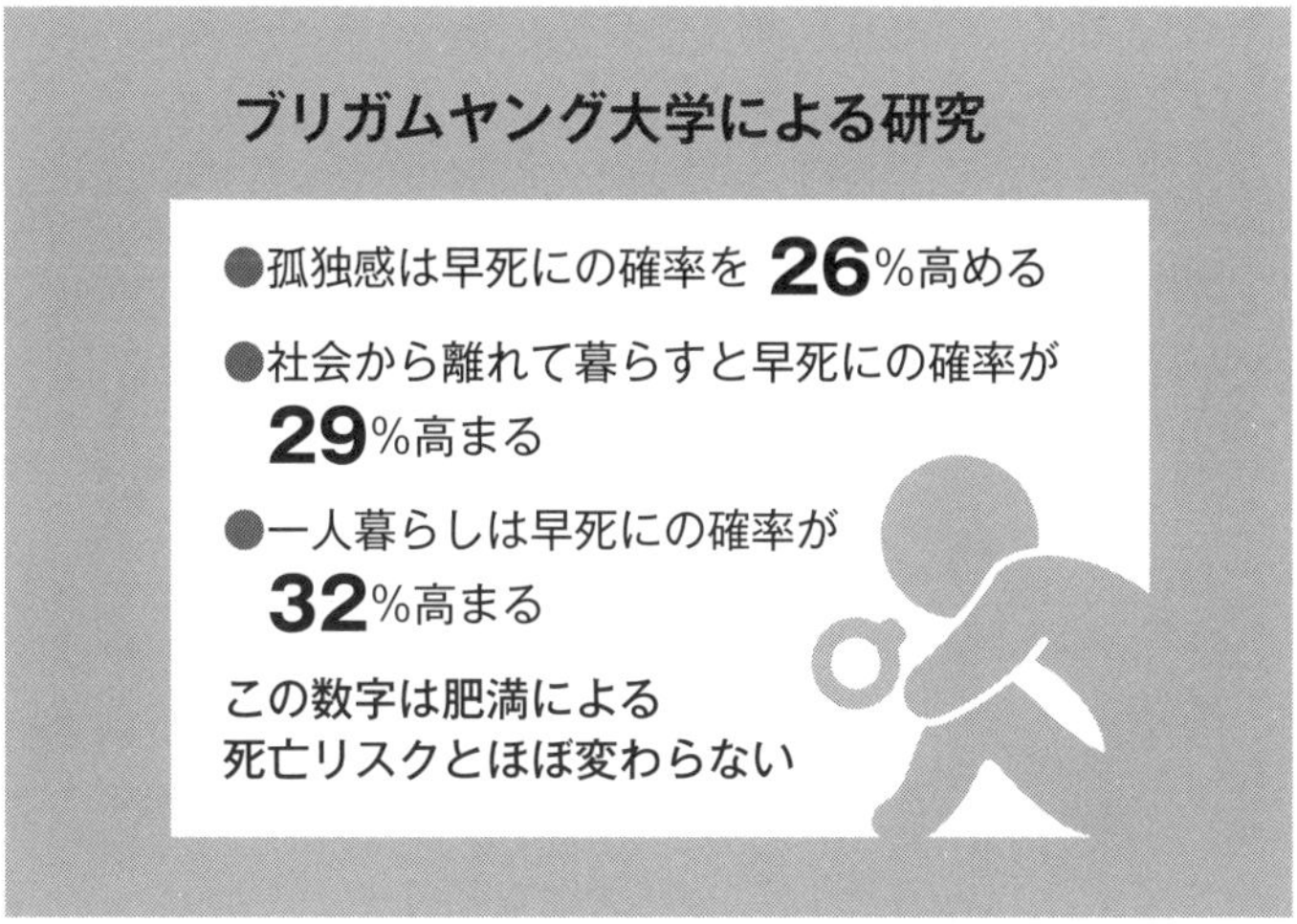
ブリガムヤング大学による研究
●孤独感は早死にの確率を 26%高める
●社会から離れて暮らすと早死にの確率が 29%高まる
●一人暮らしは早死にの確率が 32%高まる
この数字は肥満による
死亡リスクとほぼ変わらない

べて、長生きする可能性が50パーセントも増加すると報告しています。

このことは、ダイエットにもそのまま当てはまります。ひとり孤独にダイエットに取り組むより、いい人間関係をつくったほうが成功する確率が高くなります。

そんなバカなと思うかもしれませんが、間違いありません。ダイエットカウンセリングをしていると、ストレスが原因で過食している人がほんとうに多いのです。ストレスの原因を聞くと、ほとんどは人間関係によるものです。それを取り除くことがダイエットの本当の成功につながります。

世界最大のダイエットサービスを提供す

るウェイトウォッチャーズ社が提供するコミュニティー型のダイエットサービスは、日本ではまだあまり認知されていません。

しかし、これから日本が直面する超高齢化社会において、健康的なダイエットの効果を高めていくには、コミュニティー型のダイエットサービスこそ最適だと思います。

私も、互いに励まし合い、互いに学び合い、互いに指導し合う、そんなコミュニティー型ダイエットサービスを提案しています。同じような悩みを持つダイエット仲間とつながることで、リバウンドのない美しく輝く自分を獲得し、持続する可能性がどんどん高まっていくからです。

勝っても負けても続けることが大事

ダイエットは野球にたとえると、高校野球のトーナメント戦ではなく、プロ野球のリーグ戦です。勝つときもあれば、負けることもあります。それでも試合は続き、最終的に勝ち数が多いチームが優勝します。

ボクシングも、1回1回の勝負ですが、引退しないかぎり勝ったり負けたりの繰り返しです。チャンピオンになっても、次の試合で負ければベルトは奪われます。でも、またチャンピオンに返り咲くこともできます。

ダイエットはリーグ戦と同じです。途中では勝つこともあれば負けることもあります。甘い誘惑に負けそうになることもあるでしょう。やる気があるときもあれば、失せるときもあるはず。意志が弱くなることもあれば、すごく頑張れることもあるでしょう。

いいときも悪いときも、どちらもあって当たり前です。それらをすべて受け入れて続けてこそ、ダイエットは最後にいい結果が待っているのです。もしやる気が冷めたら、それでもできることをムリしないで淡々と続けていく。負けたり勝ったりしながら、最終的にダイエットの勝者になればいい。それこそが、ダイエット成功の秘訣なのです。

勝ち負けを繰り返すスポーツの場合、一つの試合にあまりにこだわりすぎてバーンアウトすることがあります。私も、試合の後、何も手につかない状態になったことがよくあります。これは負けたときだけでなく、勝ってもそうなることがあるのですが。勝ち負けを繰り返すダイエットも、一つひとつのことにあまりこだわりすぎないことです。

絶対間食しないと決めていたのに、一回だけと誘惑に負けて手を出してしまった。

一つひとつにこだわりすぎていると、「あんなに強く決めていたのに、負けてしまった」とバーンアウトしてやる気を失ってしまいやすい。「やっぱりダメだ」とダイエットを止めてしまう。

こうなるより、「勝ち負けあって当たり前。明日は勝つぞ」と思って前に進めばいいのです。私が指導した経験からは、そんな人のほうがずっとダイエットに成功しています。勝っても負けてもいいからやり続ける。これを習慣にしてしまえばいいのです。

4つの「変える」からはじめる

「一定の体重までは落ちますが、そこからはなかなか落ちないんです」

ダイエットカウンセリングをしていますと、よくこんな相談を受けます。いちばん大きな理由は、私たちの体には常に同じ状態を保とうとする働きが備わっていることです。この働きはホメオスタシス（恒常性）といわれます。

たとえば、熱いときは汗をかいて体温を平熱に保つことができるのは、この働きがあるからです。もしこれがなければ、夏の日向に長時間いたら、どんどん体温が上がってしまい、体に異常が起こるでしょう。

体温のほか血圧や水分調整、血糖値、免疫、老廃物の排出など、体内で起こっているすべてを安定状態に保つ働きをしています。

そして、この働きは体重の変化にも作用しているのです。たとえば急に体重が減ると、たとえそれがまだ肥満の領域であっても、生命維持のために元に戻そうとします。ダイエットで体重が減る場合も同じです。ある程度まで体重が落ちると、必ず体重を戻そうとするため、必ず停滞期が訪れるのです。

このしくみを知らないと、そこでやる気をなくしてしまい、挫折してしまうことが多いのです。その結果、「元の体重に戻ってしまった」「もっと増えてしまった」という羽目に。ですから、ダイエットを成功させるには、このホメオスタシスの働きをよく知っておく必要があります。

ホメオスタシスは本来、体に起こる悪い変化を止めてくれるのでありがたいのですが、よい変化までストップさせるので厄介です。本能みたいなものなので、逆らうのはなかなか難しく、やる気や気合、根性などだけでは対応できません。でも、そういう働きがあることを知っておけば、体に起こっている変化を正しく判断できます。

じつは、このホメオスタシスに似た働きが私たちの心にも作用しています。変化することを怖れ、現状を維持しようとする心の働きです。それは、今の自分を変えたくない、変わりたくない、これ以上きついことはしたくないという自己防衛的な心理作用です。深層心理に組み込まれているので、ふだんは気づきにくいのです。

変わりたい、ダイエットしたいと思う自分がいる反面、深層心理では今のままでいいじゃないかとストップさせようとしている。いわば、アクセルとブレーキを同時に踏んでいるようなものです。

ダイエットを成功させるには、体を変える前に意識を変えることがとても大事です。そのために、これまでの考え方や感じ方を変えようとすると、「何も、そこまでダイエットしなくてもいいんじゃない？」と反発する気持ちが起こってきたりします。

そのままにしていると、いい変化まで拒否してしまいかねません。というより、たいていはそうなりやすいのです。これでは、ダイエットもうまくいきません。まずはじめに、「太田式グレートダイエット」でお伝えしている次の４つの「変える」をやってみてください。これだけでダイエットの成功率は格段にアップします。

変える I 「変わらない自分」から「変わる自分」に

ダイエットは体重を落とす、体型を格好良くするだけのことではありません。じつは、自分を変えることでもあるのです。

たとえば、「あんなこと言うんじゃなかった」「もっとこうしておけばよかった」と後悔してしまいがちな思考はダイエットでも妨げになります。あるいは、「見た目100％の体を手に入れる」「モテる自分になる」と思いたいが、過去の自分を考えたら、そんなことムリと、もう一人の自分が顔を出します。「やっぱりそんな自分になれる自信なんかない」「しかたないけど今の自分でいいや」と自分で自分を納得させてしまいます。

「私、素敵でしょ！」

と言える自分に変わる勇気が、ダイエットの成否を決定します。「いや、いや、そんなこと言われても」と今の自分に逃げ込もうとしないでください。今の自分から変わることを怖れないでください。

見た目というと、人の目を気にすることだと思いがちですが、そうではありません。

自分を見て、大切な人がキレイだな、美しいなと思ってもらえればいいのです。そんな自分になる勇気を出してください。そんな自分に変わろうとしている自分を毎日1回は、ゆっくりと褒めてあげてください。

そのために、カラーの力を利用するといいですよ。変わる勇気が欲しいときはピンクがおすすめです。ピンクには可憐、温和、柔軟、優しさなどの作用がありますが、ほんとうに新しい自分になれるか不安に押しつぶされそうな心を落ち着かせてくれます。とくにパステル系のピンクは、人に安心感を与えて、優しい気持ちにする作用が強くあります。服装や部屋にこのピンクを上手に取り入れるといいですよ。

変える Ⅱ 水に対する意識

一般にダイエットでは食生活の改善を指導します。甘いもの、お酒、コンビニ食や加工食品、ファストフードなどを減らすようにすすめます。乳製品の摂りすぎ、早食い、スマホを見ながらダラダラ食べも止めるようにすすめます。

こうした食生活の改善が大事なのはもちろんですが、私のダイエットカウンセリングでは水を飲むことを強くすすめています。〝水は痩せ薬〟だからです。

こまめにしっかり飲むようにしてもらいます。体重50キロなら、1日2リットルが適正量です。それを目安に、50キロ以下ならそれより少し減らし、50キロ以上ならそれより少し増やします。

水を飲む習慣は、意外と忘れがちです。喉の渇きを覚えたら飲むという人が多いでしょう。食品なら美味しそうだから食べたいと手が出てしまい、肥満につながることもあるでしょうが、水についてはそうはなりません。こまめにしっかり水を飲もうと意識を変える必要があります。というか、そのように意識を変えてください。

そのためにカラーの力を利用するには、グリーンがおすすめです。元来、グリーンには癒し、平和、休息、親愛、成長の作用があるとされていますが、ストレスをやわらげ元気を与えてくれます。体が本当に必要としているものを感じとりやすくなります。たとえば、部屋の中に観葉植物を置くといいでしょう。

変える Ⅲ 生活リズム

生活リズムに問題があると、時間にルーズになります。夜遅くまで起きていることも多くなり、ついつい食べ物を口にしやすくなります。そのまま寝ると、睡眠中も消化に内臓が動くため、深い睡眠を得にくいことに。これでは朝すっきり起きられないのは当然でしょう。

若い世代ほど、お風呂につかる習慣が減り、シャワーで済ますことが多くなっています。これも深い睡眠を得られないことにつながっています。

睡眠時間が不規則になったり、睡眠の質が悪くなると、低体温や痩せにくい体質になりやすいのです。排泄の習慣も乱れます。これらがダイエットの妨げになることはいうまでもありません。

ですからダイエットでは、しっかり睡眠時間を確保することが強調されますが、もっと大切なのは生活のリズムを安定させることです。そうでないと、いい睡眠をとることが難しいですし、排泄の習慣も安定しません。

ダイエットカウンセリングをしていますと、「睡眠時間はしっかり取っているのに」「排泄はけっこううまくいっているのに」という話を聞きます。睡眠や排泄が大切なのはもちろんですが、運動とか食事制限も含めて、個々のことにだけ注目してダイエットに取り組んでも、うまくいきません。

よく話を聞いてみると、太っていたときの生活リズムはそのままということが多い

『ダイエットで大切な生活リズムの安定』

＊自律神経・ホルモンのバランスが整い体重・体脂肪が減る

のです。運動も食生活も睡眠も排泄も、それらが乱れるいちばんの原因は生活リズムの乱れにあります。そこから変えないかぎり、ダイエットに本当に成功することはできません。

「それはわかりますが、今の生活リズムを変えるのはなかなか難しくて」と思う人が多いでしょうが、そこから変えるのがダイエットを成功させるいちばんの近道です。

そのために助けになるカラーがブルーです。ブルーは冷静、知性、平和などの意味をもつといわれます。快眠効果もありますから、ベッドカバーや枕カバーなど寝室にブルーを取り入れる工夫をしてみてください。食欲抑制効果もありますから、食べすぎを改善する助けにもなります。

変える Ⅳ 運動への考え方

ダイエットのための運動というと、スポーツジムに通ったり、ジョギングをしたりといったイメージをもちますが、そうではありません。日々の生活の中で体を動かす機会がどれくらいあるかがポイントです。

たとえば休みの日、ついついダラダラと過ごしてしまうなんていうことがありませんか？　一日中外に出ず、家の中にいて休日が終わってしまうことはありませんか？部屋の中で、手の届く範囲に必要なものを置いているのもいけません。

座りっぱなしはむくみの原因にもなります。少なくとも1時間ごとには立ち上がるようにします。仕事でイスに座りっぱなしという場合は、できれば20分ごとに背伸びをしたり、姿勢を変えたりするだけで、体が固まるのを防げます。イスに座ったまま片足ずつ持ち上げて足踏みをするのもいいです。

姿勢にも気を配ってください。歩くときはもちろんですが、座っている間も背筋を伸ばし、お腹を引っ込め、正しい姿勢を保つようにします。

じつは、わざわざ運動しなくても家事などの活動でもだいぶカロリーが消費できます。安静時のカロリー消費量を1とすると、掃除機をかけるのは約3・3、バスルームの掃除は3・5、買い物は約2・3、洗濯物を干す、たたむは2・0、といった具合になかなかのカロリーを消費します。

そのように、ふだんの生活の中で、できるだけ体を動かすことを意識してください。それはわかるけど、コツコツやるのは苦手だから、ジムでまとまった運動をするほうがいいと思われる人もいるでしょう。でも、生活の中で体を動かすほうがはるかに運動効果があるのですから、体を動かすことについて意識を変えてください。ダイエットに関するかぎり、まちがいなくそのほうが運動効果が高いのです。

そのためにカラーを利用する場合はオレンジがおすすめです。オレンジには元気、喜び、活発、陽気といった効果がありますが、ポイントは活動的な気持ちにしてくれることです。私のダイエットカウンセリングでは、明るめのオレンジの服をおすすめしています。オレンジは似合わないという場合は、オレンジを部屋に配色してみてください。ポジティブな気持ちでいられるでしょう。

コラム リバウンドの恐怖

第二次世界大戦中の話です。

ミネソタ大学が飢餓が人間の心身にどのような影響を与えるかという実験をしました。実験の条件は次頁の表の通りです。

その結果、平均で25％体重が減少し、40％基礎代謝が低下しました。さらに徐脈や低体温も見られ、まさに飢餓状態のような体になったのです。それだけではありません。異様に食事に対して関心を持つようになったそうです。面白いことに被験者32人中、実験後に3人が料理人になったとか。

飢餓状態になっている間は、ゆっくり食べる、調味料の使用量が増える、他人が食べている様子を見る、コーヒーやガムなどの嗜好品の消費が激増、といった変化があっただけでなく、生ゴミをあさる、盗み食いをするといった行動をする人までいたようです。

食事制限終了後もすぐには元の食習慣に戻せず、多くの人が過食になり、摂食障害

《ミネソタ実験》（飢餓実験）

◎目的　飢餓が人間の心身にどのような影響を与えるか

◎時期　第二次世界大戦中

◎場所　ミネソタ大学

◎被験者　兵役免除が条件の100人以上のうち、身体面、精神面が高水準に健康である36人を抽出。実験途中で4人が脱落したため、計32人。

◎実験の概要

最初の３カ月間	観察期間として通常の食事を摂る
次の６カ月間	半飢餓期間として摂取カロリーを半分にして生活を送る
次の３カ月間	リハビリ期間：ゆっくり通常の食事に戻していく
最後の３カ月間	観察期間：食事制限を解除して再び通常の食事に戻す

を起こす人が続出しました。８カ月後にようやく元に戻ったそうですが、一部の人は過食が治りませんでした。

これには、人間の持つホメオスタシス（恒常性維持機能）が関係していると思われます。食べる量を減らしたことで体が危険を感じ、元の体に戻そうとして食欲を高め、吸収率も上がります。食べ出したら止まらなくなって摂取カロリーが増えてしまいます。さらに体はエネルギー消費を減らして体を守ろうとします。体も動かしたくなくなります。そうして摂取カロリーが増え、消費カロリーが減るという図式ができあがってしまうのです。

これがダイエット後のリバウンドの恐怖

です。ダイエットしてリバウンドを繰り返していると太りやすく、痩せにくい体になってしまいます。

ミネソタ実験は極端な例かもしれませんが、ダイエットのやり方を間違えるとリバウンドだけでなく、体そのものがおかしくなったり、それが原因で心が病んだりもします。ですので、きちんと心身両面健康でいられるように考えられたダイエットに取り組むことが大事です。

2

章

腸内環境編

ダイエットはほんとうは「腸」で決まる

腸をキレイにすることがダイエット成功への最高の近道

ダイエットをして減量に成功しても、そのまま体重を維持できるかな？

減量したあとも健康的な毎日を過ごせるかな？

体重が減っても見た目は美しく見えるかな？

「ダイエットをしようとすると、そんな不安がよぎるんです」という話をカウンセリングで聞くことがよくあります。ダイエットはしたいし、いろんなダイエット法を目にすることはあるけれど、行動を起こす勇気がないというのが本音のようです。

そんなとき、私はプロボクサーだったときのことを話します。


ボクシングはボクサーの体重で階級が決まるスポーツです。ですから、体重管理がとても大事なのです。試合前の１カ月で５キロとか10キロ減らすため、食事制限と徹底した運動を行ないます。最終段階として水分の摂取量を減らすこともあります。

ですから、試合のたびにこうしたことを繰り返すボクサーは〝減量のプロ〟でもあるのです。そんなボクサーのように食事制限と運動を徹底して行なえば、ダイエットの減量は必ずうまくいくと思いますか。

じつは、ボクサーの減量とダイエットの減量は目指すところがまったく違います。ボクサーの減量の目的は階級別の体重制限をクリアすることがすべてです。試合前日に行なわれる体重測定をクリアできれば、それでOK。ボクサーが減量する期間は、あくまで試合前の計量時までで、一時的な減量なのです。計量をパスしたら、試合までにたくさん食べて体重を戻す選手もいます。それは、体重が重いほうがパンチが重くなるというのと、自分にとって最高のパフォーマンスを発揮できる体重にするという意味があります。

ダイエットの場合は、体重そのものより、自分が理想とする体型を獲得することが目的です。ある日が終わったら元の体型に戻ってもいいということではないのです。

体重の落とし方も違います。ボクサーの減量では脂肪を落とし、最後には水分も減らして体重を落とします。ダイエットの場合は脂肪を落とすだけで、水分はよく摂るようにします。ダイエットは体重を減らすより、見栄えのいい体型を手に入れるために行なうものだから。リバウンドしない見た目が美しい体型が手に入る。その状態がいつまでも続く。これこそ、誰もが願っている本当のダイエットですよね。

どうしたらそんなダイエットができると思いますか。その最大のカギが「腸」なのです。いくら表面をキレイにしても、腸の中が汚れたままなら、本当に美しく輝く体型を手に入れることはできないからです。

私が提唱する「太田式グレートダイエット」では、腸内環境を整えることを最優先に取り組んできました。腸の中をキレイにすること、これこそ美しく輝く体型を手に入れる最高の近道なのです。

ですから、ダイエットカウンセリングでは

「本物の美人の腸は美しいですよ」

「本当にキレイになりたければ、徹底して腸をキレイにしてね」

と繰り返しお話しします。

「外側の美しさだけでなく、内側からも美しくなりましょう」というコピーを目にすることがありますが、〝内側からも美しく〟とは腸を徹底的にキレイにすることなのです。

腸がキレイになると何より肌がキレイになります。肌は腸の鏡といわれます。腸内環境が整うことで肌が再生するのです。化粧のノリもよくなりますし、色白になります。かくいう私自身もセミナーの参加者などから肌がキレイだとよくいわれます。

ダイエットのためには消化や排泄を改善することが大事だと思っている人は多いでしょう。しかし、腸の役割の大きさをはっきり知っておかないと、本当のダイエットはできません。

ダイエットカウンセリングでそのことを伝えるために、私は「人生は腸で決まる」というお話をします。「腸のことを知らないままダイエットをはじめるのは、カーナビ無しで初めての観光地を走るようなもので、必ず迷います」と。

腸をキレイにする方法がしっかりわかれば、ダイエットの本当の成功法がわかってきます。ここからは、そのことをお話ししていきます。

プロボクサーの減量体験で腸の大切さを確信

私はプロボクサー時代の経験を活かして、これまで多くの人にダイエットやフィットネス、体質改善の指導をしてきました。先にボクサーの減量とダイエットの違いについて述べましたが、カウンセリングではこんな話をしています。

ボクシングは、体重の差によるハンディキャップをなくすため体重別に階級がわかれています。たとえばプロの男子ですと、最軽量のミニマム級（１０５ポンド＝47・63kg以下）から、最重量のヘビー級（２００ポンド＝90・72kg以上）まで細かく体重別に階級が分かれています。

たとえば普段の体重が56kgですと、階級はフェザー級に該当します。しかし、そのままの階級で試合をするより、体重がより下の階級で試合をすることが多いのです。とはいっても、脂肪と一緒に筋肉が減ってしまうとパフォーマンスが低下してしまいますから、脂肪を落として筋肉を落とさないようにします。

そのための基本は、体にいい食事を摂り、食事量を調整し、走り込みや各種のトレーニングを徹底することです。目的の階級の体重に合格しなければ試合に臨むことすらできませんが、たとえ減量に成功しても、試合でフラフラだったら簡単に負けてしまいます。その減量は失敗だったということです。

ですからボクサーは、目標の体重にまでしっかり落とし、なおかつキレのいい体にすることを目指して減量します。私も試合の度に何度も、こうした減量を実践してきました。そのなかで、どうしたら減量に成功し、リング上で最高に輝くことができるかを探求しました。その結果たどり着いたのが「腸に焦点を当てる」ことだったのです。

それはダイエットの専門家になってからも活かされています。ダイエットのカギも〝腸をキレイにすること〟にあったからです。

トップアスリートの食生活も〝腸にいい〟がカギ

世界で活躍するトップアスリートたちは最高のパフォーマンスを発揮するために、トレーニングを積むとともに食事にとても気を使っています。食べたもので自分の体ができていることを知っているからです。

自分の体に合った食事法について研究し、改良を重ねています。世界レベルのアスリートになると、お抱えの栄養士や調理師がいることも珍しくありません。とくに世界を転戦するようなスポーツになると、普段食べている物が手に入らないこともあり、余計に気を使うことになります。

世界で活躍するトップアスリートたちが、普段どんな食事を心がけているかご紹介します。

クリスチアーノ・ロナウド

サッカー界でも屈指の肉体美を誇る、ユベントス所属（2018年8月現在）のポルトガル代表FW

【朝食】フルーツ、穀類、トースト
【昼食】サラダ・野菜、鶏肉、魚、豆、玄米、パスタ
（野菜を多めに、タンパク質やミネラルもしっかり摂りつつ、あまり高カロリーになりすぎないようにしている）
【夕食】昼食と似た内容で鶏肉、牛か豚の赤身肉、卵など
（タンパク質を多く含む食物をバリエーション豊富に摂る）

ほかにも、ファストフードやスイーツは食べない、炭酸飲料や糖分が入った飲み物はまったく飲まない、揚げ物はほとんど食べない、食事は常に決まった時間に摂る、就寝の2時間前には食べ終えるといったことを徹底しているといいます。腸への負担が少ないのが特長です。

リオネル・メッシ

サッカー界で世界最高の個人賞である「FIFAバロンドール賞」を史上最多5度獲得した、FCバルセロナ所属（2018年8月現在）のアルゼンチン代表FW

メッシは毎年ゴールを量産していますが、2015年当時は不振にあえいでいました。そこで食事プランを一新することで復活したという経緯があります。

メッシに栄養指導をしたのは、イタリア人栄養学者であるジュリアーノ・ポセリ氏。ポセリ氏の指導でメッシは今までの肉食過多だった食生活を一変させました。また、大好物だったピザを食べなくなったことがよい結果を生んだといわれています。腸にいい食生活に変えたのです。

マニー・パッキャオ

6階級制覇を成し遂げたフィリピンのプロボクサー。アメリカンドリームを拳一つで体現した国民的英雄。フィリピンの政治家でもある

栄養補助として大量のサプリメントを食事と一緒に摂るスタイルをどうしても受け付けようとせず、自然な食べ物を意識して食べているそうです。

運動後はオートミールに無脂肪乳、生のベリーとはちみつを合わせたものを必ず食べます。オートミールは白米や玄米と同じ炭水化物の仲間となるオーツ麦を食べやす

く加工した穀物。ミネラルをはじめ、不溶性食物繊維と水溶性食物繊維の両方を含んでいる、穀物の中でもとくに栄養価の高い食品です。

腸にいい食事になっていることがわかります。

井岡一翔

世界最速で3階級制覇を成し遂げた日本が誇るプロボクサー。世界戦14勝は具志堅用高と並び日本人の世界戦最多勝利数

普段の食事ではグルテンフリーを取り入れており、オフ期間でも低糖、低炭水化物を意識。食事は和食が多く、野菜中心の食生活で、そこに鶏肉、牛肉をバランスよく取り入れているといいます。

試合前のハードトレーニングで酷使した体に負担がかからないように、温かいスープと消化酵素の豊富なネバネバ食材を摂取。テニスプレーヤーのジョコビッチ選手の食事を参考にして、糖質制限食にも取り組んでいるそうです。

腸の健康を考えた食生活に変えたことが安定した好成績につながっているのだと思います。

高梨沙羅

男女通じて歴代最多勝利数の記録を持つ最強女子ジャンパー。
2018年平昌オリンピックで念願のメダル獲得

白米が好きで試合中の栄養補給としておにぎりを食べるそうです。白米は糖質なので食べ過ぎると太るのでは？　と思うかもしれませんが、これは女性ならではの体への気遣いです。体脂肪率が15％を切ると月経が乱れやすいので、それを避けるためにあえて糖質も摂るようにしているのです。カステラには脂質がないのでよく食べるそうですが、スナック菓子、炭酸飲料は一切摂りません。

また、糖質はパワーの元なので、アスリートとして力を発揮するためにも意識的に摂っています。

試合後には鉄分を含む豆、ひじき、ほうれん草などを食べます。女性の体に必要な鉄分を摂ることを意識しています。

高梨選手のように糖質は摂るけれど、脂質は摂らない、ということが大事です。極端な糖質制限は体に負担になります。とくに女性は摂りすぎに注意する必要はありますが、ある程度の糖質は必要です。

このように多くのトップアスリートは、人一倍食事に気を使っていることがわかります。世界で結果を残すために心身のパフォーマンスを最大限にするためには当然と言えば当然ですが、いかに私たちの体に食が大事であるか、とくに腸にいい食生活が重要であることに気づかせてくれます。

ダイエットにいい食習慣は食事を見直すことから

トップアスリートたちの食事内容を見ると、共通しているのはどれも腸にとって非常に良いものばかりだということです。上っ面の筋肉ばかり鍛えていても腸が整っていなければ真の力を発揮することはできないからです。

これはトップアスリートだけに当てはまることではありません。ダイエットをして美しく輝く体型を獲得するためにも腸から整えていくことがほんとうに重要なのです。

それには、ふだんの食事内容を見直すことが必要です。私たち現代人の食事内容は多様になっており、食べる楽しさを提供してくれています。しかし、その一方で肥満が増えたり、病気が増えたりしているのも確かな事実です。「食べたものが体をつくる」

ダイエットに最適な一汁三菜の日本食

という基本に返るなら、ダイエットを成功させるためにも食事内容を考え直したほうがいいのです。

日本の食文化は多様性に富んでいて、日本にいながらにして世界の料理を楽しむことができます。コンビニ食なども便利になっていて、忙しい現代人の食生活に欠かせなくなっています。

しかし、ダイエットに限っても、肥満が増えている原因の一つがこうした食生活にあることはまちがいないでしょう。いろんなダイエット法を試してみても、食事を見直すことを避けているかぎり、美しく輝く体型を獲得することは難しいでしょう。

トップアスリートが食事を徹底管理して

最高のパフォーマンスを発揮するように、ダイエットの場合も食事を見直すことで、痩せやすい体に変えることができ、ダイエット効果を倍増できます。

こんな効果がすぐ実感できるでしょう。

・1日の疲れが取れやすくなった
・運動効果を体感しやすくなった
・体にいい食べ物かどうか体が教えてくれるようになった

私がダイエットのための食事として、おすすめしているのが1日2食にして、食事は日本食にすることです。朝は果物だけにするなど軽めにして、昼と夜は日本食にします。日本のトップアスリートたちも、海外に遠征するときは米食や発酵食品を持参するという話はよく聞きます。日本食中心にしているアスリートが多いのです。

私自身、プロボクサーとしてリングに上がっていたころの減量には、日本食中心の食生活がもっとも効果的でした。日本食は脂身の少ない料理が中心ですし、基本型である一汁三菜は非常にバランスの取れた食事です。

主食のご飯、味噌汁、野菜や魚中心の三菜で構成され、味噌、豆腐、納豆、醤油などはみな発酵食品です。種類が豊富な漬物も発酵食品です。味噌汁は具として野菜をたくさん摂るのにも向いています。野菜には血糖値の上昇を抑え、老廃物を排泄させてくれる働きがあり、ダイエットにも欠かせません。

何より日本人が長い歴史を通して口にしてきたものですから、私たちの体に合っていることはまちがいありません。1日2食で日本食を毎日の食事の基本にすることが、ダイエットでは最強の食事法です。

便秘はダイエットの大敵

私の元にダイエットの相談に来られる女性も、その80パーセントくらいは便秘で悩んでいます。3日に1回あればいいほうで、1週間便通がないこともあるという人もいます。本来は、毎日ご飯を食べるのであれば、毎日排便があるのが望ましいです。

私も小さい頃、ひどく緊張する日が続いたり、精神的に滅入ってしまったりしたときに便がいつものように出なくなり、すごく苦しくなって病院に駆け込んだというこ

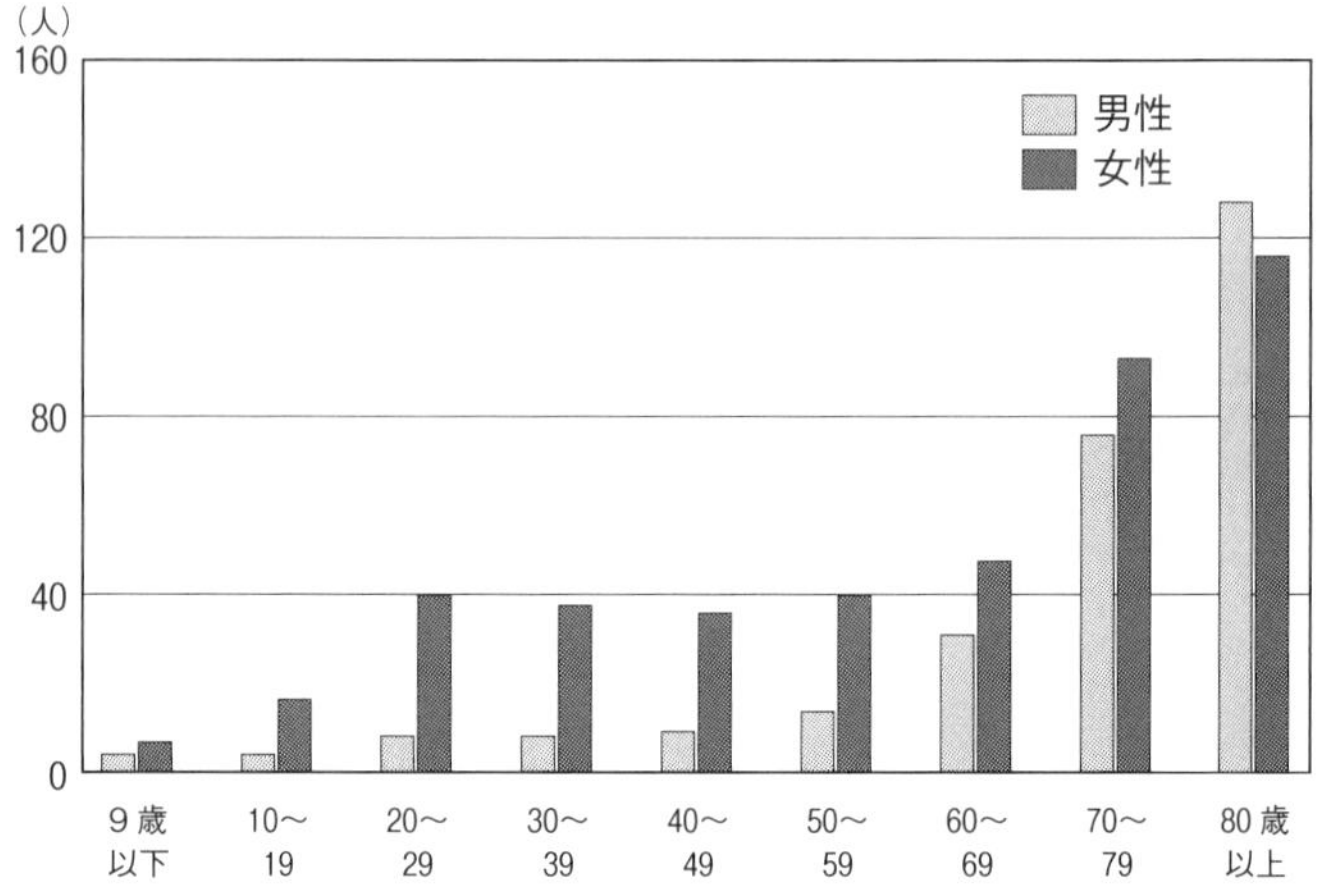

便秘に悩む人口1000人当たりの人数（平成25年、厚労省国民生活基礎調査）

とがありました。そのときは尋常ではないほどお腹が張って苦しかったのを覚えています。

カウンセリングのときに「3日も出なかったら苦しくないですか」と聞いても「もう慣れてしまっているので」と。

グラフは平成25年度に行政が行なった、便秘で悩む人の統計調査です。人口1000人あたり37・8人が該当し、男女別だと男性26・0人、女性48・7人となっています。

グラフからもわかるように、圧倒的に女性に多いようです。とくに20代と30代は顕著に多いのがわかります。でも、私の現場での認識では、便秘で悩む人はもっと多い

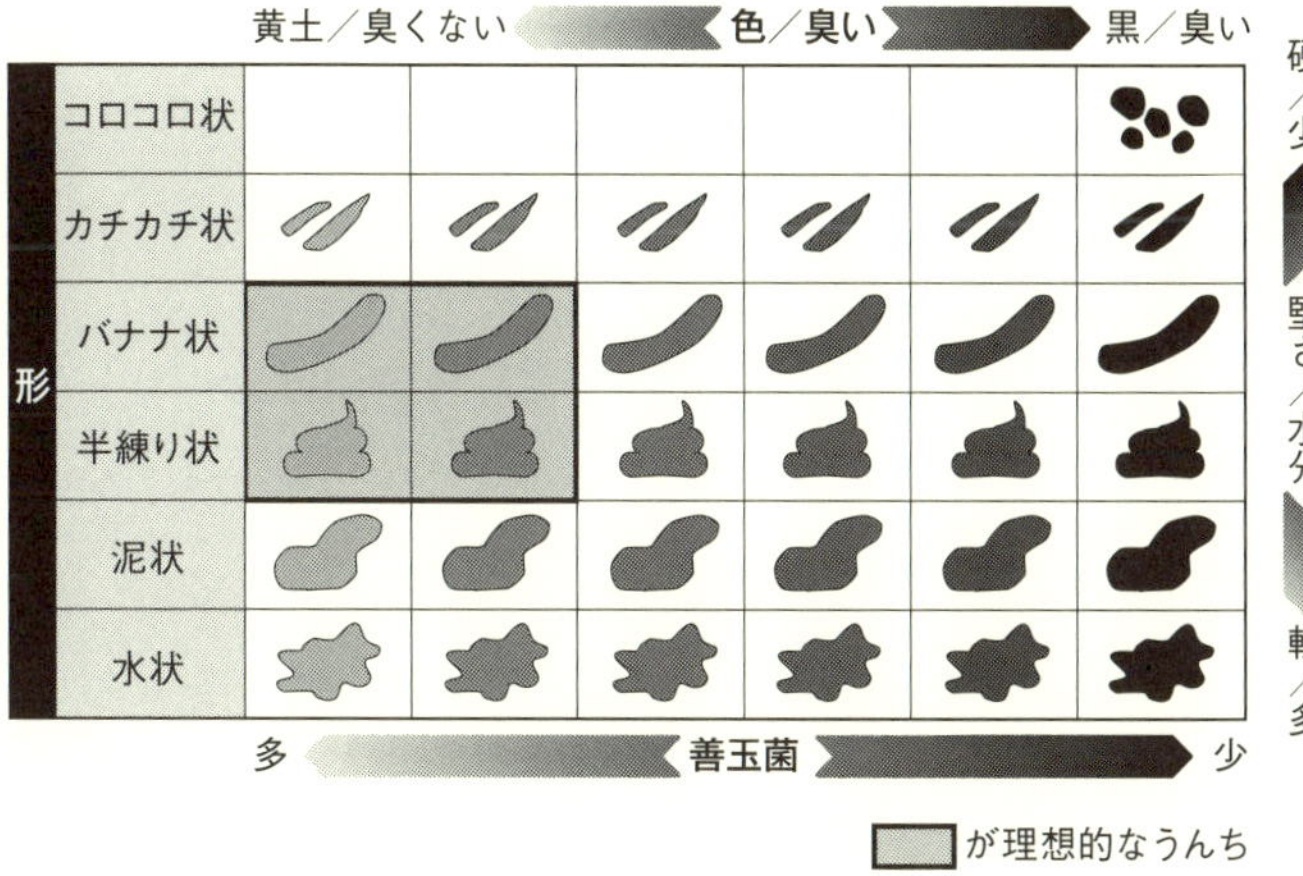

うんちチェックシート

ように思います。

では、なぜ便秘が体によくないのでしょうか。

体に溜まった老廃物は汗、尿、大便として体の外に排泄されていきます。そのなかで便として排泄される割合は75％でいちばん高く、次が尿の20％、残り5％が爪（皮膚）や毛髪として排泄されます。

昔から大便は大きなお便り、小便は小さなお便りと言われています。それだけ大便と尿は体の状態を教えてくれるということです。

とくに老廃物が排泄される割合がいちばん高い大便は重要です。その便が出なくなれば、体内に毒素が残り続けるわけですから、体にとっていいわけがありません。

ダイエットを成功させる基本は、必要な栄養素を摂ること、体に溜まった老廃物や毒素をしっかりと排泄することです。その排泄の役目を担っている中心が便の排泄ですが、それには腸をキレイにしておくことがもっとも大事なのです。それこそがダイエット成功を確かにするからです。

腸の状態がすぐわかるのが便です。便秘はダイエットにとって大敵ですが、それは腸が汚れていることを示しているからです。便秘したままでは、どんなダイエット法もうまくはいきません。

前頁の「うんちチェックシート」で、今の自分の便がどのような状態かチェックしてみてください。これから紹介するダイエットメニューをこなしていけば、腸が整い、便の状態が変わっていくのがわかります。その分、ダイエットしやすい体質に変化していきます。

腸と脳はつながっている

ダイエットにはストレスも大敵です。脳がストレスを受けるとダイエットの要である腸にも影響が出ます。脳と腸は神経で密接につながっているためです。腸が不調になると、逆に脳の機能活動にも影響します。このような腸と脳の関係を腸脳相関といいます。

体の最上部にある脳と、臓器の下部にある腸とをつなげている主要な神経が自律神経です。自律神経は内臓や血管などに広く分布し、消化や呼吸、血液の循環、代謝などの働きを促進したり抑制したりして調節しています。私たちの意思でコントロールすることはできません。

自律神経には交感神経と副交感神経があります。交感神経は体の各器官を刺激して動きをより活発にするときに働きます。主に昼間に作用します。副交感神経は各器官の動きを抑制して消耗したエネルギーを回復させ、栄養素を補給するときに働きます。

『腸脳相関』による悪循環

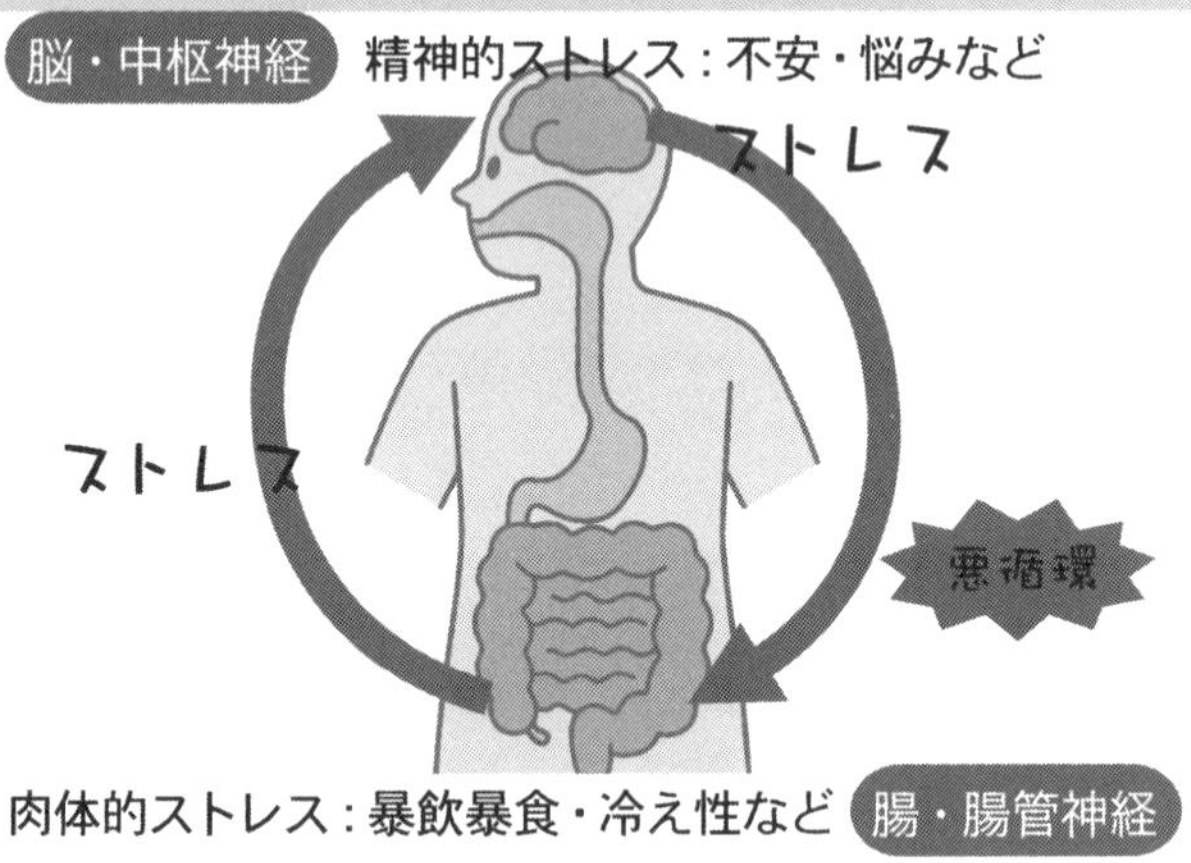

主に夜に作用します。

この二つの神経のバランスが崩れてさまざまな不調が起こることを自律神経失調症といいます。自律神経失調症にはさまざまな症状がありますが、ダイエットに関していえば、肥満や便秘、代謝の低下などを招きます。

ダイエットで悩んでいる人の多くが体の不調も訴えますが、それには自律神経の乱れも影響していると思われます。

ダイエットというと代謝を高めるために筋肉をつけることばかりをすすめる人もいますが、基礎代謝のほとんどは肝臓、腎臓、脳が占めていますから、それらの機能を高めることが本当の意味で代謝を上げるということになります。

腸と脳の関係が安定すると自律神経も安定してきます。それによってダイエットが成功する土台がつくられます。結局、ダイエットで大事なのは、「腸内環境をよくする食事」と「脳の機能を高める食事」なのです。

便秘を解消し、腸を整え、脳の機能を高めるために、ぜひおすすめしたいのが日本食です。ご飯、味噌汁、おかずの構成で、お金をかけずにすぐに始められます。なんだ、そんな食事でいいのと思われますか。でも、試してみてください。お通じや腸の調子が変わってくるのを必ず実感できますよ。

「東京ガールズコレクション」ぽっちゃりモデルが劇的変身！

ここで、123キロから60キロ台までダイエットに成功した感動の記録を紹介します。福岡市博多区にある「ぽっちゃりガールズバーCORON」のママを務める櫻井冴香さんは、体重MAX123キロの巨体を生かし、カリスマぽっちゃりガールとして全国でも引っ張りだこの「スーパープラスサイズモデル」でした。

２０１４年には、日本最大級のファッションイベント「東京ガールズコレクション（通称ＴＧＣ）」において、２万人の公募の中から見事当選を果たし、ぽっちゃりガールズ部門のモデルとしてランウェイデビューを果たしました。

そんな彼女から、あるとき知人を通して私の元へ相談が寄せられました。なんと聞いてビックリ！「痩せたい」との相談でした。それも、かなり本気モードで……。

「痩せて人生を変えたいんです」と……。

ぽっちゃりガールズバーのママを務めているのですから、痩せてしまったら仕事がなくなるのでは？　けれど、櫻井さんの決意は本物で、どうやら軽い冗談ではないようです。

「私、花嫁さんになりたいの！　このままだったら男性にも振り向いてもらえないし、何より健康的ではないので、これから先の人生が心配なんです」

はじめて会った櫻井さんは、私の目をしっかりと睨《にら》みつけるように見て、このように言いました。

「私、30歳の誕生日までに痩せます。どんなことでもしますので、先生お願いします」

このとき、誕生日までは残すところ4カ月ほどでした。私は彼女の言葉から、そして目から本気の熱意を感じとり、ダイエットの指導に携わることを快諾しました。

TGCでモデルを務めたときが過去最重量の123キロ。ここから彼女は自力でダイエットに励み、私に相談するまでに10数キロは減量していました。

まず、ふたりで目標を立てました。TGCのときに123キロあった体重から約半分の60キロ台を目指す！

それまで数多くのクライアントさんを指導してきましたが、ここまで大幅に減量した人はいません。でも、彼女とカウンセリングを重ねるなかで、ハッキリと実現可能だと判断しました。

ダイエットに成功して人生を変えよう！　とふたりで決意して、二人三脚のダイエット生活がスタートしました。

櫻井さんは減量幅が大きかったため、ダイエット期間を前期と後期とに分けてメニューを組み立てました。

2回に分けた理由はもうひとつあります。長いプランで目標を立ててしまうと精神的にも苦しくなるからです。まず第1目標を85キロに設定して、それをクリアしたら最終目標まで取り組むことにしました。

すべての人に言えることですが、最初から遠いゴールばかりを見ていてはダイエットが苦しくなってしまいます。毎日、毎週目標を立てて、少しずつ目の前の目標をクリアしながら、最終的に目標体重に到達すればいいのです。

では、櫻井さんが取り組んだダイエットのメニューをご紹介します。

櫻井さん汗と涙のダイエット記——〈100キロ超～85キロ〉前期2カ月間

食事

カロリーがすべてではなく、大切なのは「栄養バランス」と「適切な食事タイミング」

【朝】（8時～10時）

・朝は排泄の時間と考え、消化に負担がかからずエネルギーになり、新鮮な食物酵素を摂取できる新鮮なフルーツのみを摂取。日替わりで好きな果物を食べた

・仕事柄深夜遅くまで起きていることが多く、お客様との会食などで深夜12時を過ぎてからの飲食も多かった。そこで、前日の深夜12時以降に飲食をした場合は翌日の朝食は抜くことに
・お酒を飲んだ翌日はむくみ解消のために、水をしっかり飲んで午前中はお風呂で汗を出した

【昼】（12時～15時）
・できるだけ日本食でご飯を主食に一汁三菜を摂るようにした
・三菜は肉、魚、野菜をバランスよく摂った
・揚げ物や脂身の多い肉は控えた
・主食であるご飯は昼食だけにした

【夜】（不規則）
・夜は活動量が落ちるので原則として炭水化物は控えた。また生野菜ではなく、温野菜のスープを食べるようにして消化に負担がかからないようにした

・温野菜スープは野菜がたっぷりで、お肉や豆腐などを加えると、タンパク質を一緒に摂ることができる。温かいスープは胃袋が落ち着き、食べすぎを防いでくれる
・仕事柄お客様との会食も多いので、夜は必要以上に炭水化物を摂らないように気をつけた
・好物のとんこつラーメン、ピザ、パスタは禁止した

水分補給

水は1日約3・5リットルを目標に飲んだ。

1日の推奨水分摂取量は、「体重×0・04」。一般的によく言われる1日2リットルは、体重50キロの場合で、実際は体重によって飲む量は変わる。お茶やコーヒーは水分補給にはならないので水を飲むのが基本。ノンカフェインのお茶や無糖の炭酸水などもOK。

運動

○汗出し

ダイエット開始時の体重が100キロ超だったので、いきなり運動メニューに取り組むのは難しいと判断。運動に入る前に2週間、汗出しに取り組んだ。毎日バスタブに20～30分浸かり、しっかり汗が出る体質に変えるようにした。それとともに、1日10分のストレッチに取り組み、体の柔軟性をアップさせた。

○週1、2回のボクシングエクササイズ

2週間の汗出しが終わってから、次はボクシングエクササイズに取り組んだ。目標体重までの減量幅と期間を考えると、本書で紹介する通常のエクササイズでは落としきれないと考え、櫻井さん用のボクシングエクササイズを用意。ボクシングの動きは腹部の引き締めや腸の蠕動《ぜんどう》運動を活発にする効果がある。

この段階では体重がかなりあったので、縄跳びなどの高負荷トレーニングは行なわなかった。

鏡の前でのシャドーボクシングと、トレーナーとのミット打ち、軽いサンドバッグ打ちを中心に行なった。櫻井さんの場合は45分のエクササイズでビックリするほど汗が噴き出た。

○週1回の体幹（美腸）エクササイズ

週1回のペースで、体幹部を中心に腹部、臀《でん》部、大腿部、背部を鍛えていった。また、自分自身の体重を使って行なう自体重エクササイズを行なった。器械は一切使わない。さらに、体の柔軟性をアップさせるため、引き締めエクササイズとともに柔軟性を向上させる種目も行なった。

ファスティング

この期間中に1回ファスティングを行なった。2日間の準備期間、3日間のファスティング、2日間の回復期間。

☆日々の生活習慣で改善したところ

・お風呂に毎日浸かる
・早寝早起きを心がける
・就寝前にストレッチを行なう
・好きな本や音楽を楽しんでリラックスする

『総括』

ダイエット前の食事は高カロリー、高塩分の加工食品やジャンクフードを腹十二分目まで食べる生活でした。ダイエットを開始して徐々に体重が落ち始めましたが、以前の食生活から急に食事内容を変えたことがきつかったのか、仕事を理由に脱線することもたびたびでした。

ダイエットの序盤は体重が落ちやすいので、このような生活でも何とか前期の目標体重である85キロまでは落とすことができました。ただし、そのままでは60キロ台まで落とすのは難しいので、後期からは少し厳しめに取り組んでもらうことにしました。

〈反省点〉

・友達とランチ会があるときは、パスタランチなどを食べることがあった
・お客様と寿司屋に行くこともあり、勧められてついつい寿司をたくさん食べることもあった
・高級シャンパンが開くとテンションが上がって、ついつい飲みすぎることもあった
・酔っ払って歯止めが利かなくなり、たびたび深夜のラーメンに手を出すことがあった

・酔っ払いすぎて、昨晩何を食べて飲んだかわからないときがあった

櫻井さん汗と涙のダイエット記 ——〈85キロ～60キロ台〉後期2カ月半

食事

・お客様にもダイエット宣言を行ない、味方になってもらい、お客様との会食を避ける
・小麦粉製品を食べない。グルテンフリーを実践し、血糖値を上げにくい低ＧＩ食品を心がける
・味付けを薄めにする（むくみを防止して水分代謝を上げる）

【朝】（8時～10時）
・新鮮なフルーツのみを摂取した

【昼】（12時～15時）
・日本食の一汁三菜にし、基本的に主食をご飯にして、肉・魚・野菜をバラ

ンスよく摂取した
・揚げ物や脂身の多いお肉は避け、小麦粉製品も控えた
・目指す体重を意識して食事の全体量を減らしていった。主食のご飯はお茶碗に軽く一杯程度

【夜】（20時〜22時）
・夜は活動量が落ちるので原則として炭水化物は控えた
・生野菜ではなく、温野菜を食べるようにして消化に負担がかからないようにした
・前期と同じく温野菜スープを摂った
・0時以降の飲食は禁止し、朝まで10〜12時間は断食状態にした

水分補給

前期と同じく水を1日約3・5リットル飲む。お茶やコーヒーなどは控え、水を飲むようにした（カフェインフリーを心がけ水分代謝を上げる）

運動

○週1〜2回のボクシングエクササイズ

・体重が減少してきたので、縄跳びなどのトレーニングやステップ系の種目も入れていった

・鏡の前でのシャドーボクシングと、トレーナーとのミット打ちを約45分行なった

○週1回の体幹（美腸）エクササイズ

前期と同じく体幹部を中心に腹部、臀《でん》部、大腿部、背部を鍛えた。自分自身の体重を使って行なう自体重トレーニングを行なった。器具などは一切使わない。

エクササイズに慣れ、体の柔軟性も高まってきたらエクササイズの強度を上げていった。

ファスティング

期間中に1回ファスティングを行なう。

2日間の準備期間、3日間のファスティング、2日間の回復期間。

☆日々の生活習慣で改善したところ

・お風呂に毎日浸かる
・早寝早起きを心がける
・就寝前にストレッチを行なう
・好きな本、好きな音楽を楽しんでリラックスするようにした

『総括』

自分自身を追い込むと同時に発破をかける意味で、アパレル各社に対して、それとSNS上でプラスサイズモデル卒業宣言をしました。

前期とは意識を変えてダイエットに向き合ったことで、食事面、運動面ともにしっかりと課題をこなすことができました。ボクシングの動きを取り入れたエクササイズにも慣れてきて楽しく取り組むことができました。エクササイズは爽快感もあり、ストレス発散効果も絶大だったようです。

ダイエット停滞期も頑張って乗り越え、目標体重を達成することができました。

櫻井さんのダイエットを終えて……

　ダイエットを始める前に私が櫻井さんに強く伝えたことがあります。それは、過去の自分へリベンジしよう！　ということです。過去がどうとか振り返ることはせず、今から未来に向かって動き始めましょうと伝えました。

　昨日までの延長線上で今日を過ごしていては、人生が大きく好転することはありません。櫻井さんにはどんな未来を思い描いているのか、どうなりたいのか、心の底から思う「～したい」「～なりたい」を明確にしてもらってから前に進んでいきました。

　思いを明確にしてからダイエットをスタートしたおかげで、途中の厳しい時期も無事に乗り越えることができました。普通では考えられない120キロからおよそ半分の60キロ台へのダイエットを成功させることができたのは本人の「したい」「なりたい」の強い思いがあったからです。

　目標を達成したときの櫻井さんの満面の笑顔。自分がどれほど頑張ってきたかわかっているので、自分のことを抱きしめてあげたいくらいうれしいと。もう過去を振り返るような人生ではなく、未来を見つめて自信をもって生きていくと決意に満ちあふれていました。

自分の弱さ、強みを知り、まわりの人たちや社会との関係を自覚すること。そして、夢を抱き、よりよい自分、よりよい社会を目指して生きていくこと。こうした意識づけが人生を大きく好転させていきます。

不可能なことはない、私はそう思っています。

櫻井さん
ビフォー
アフター
Before
エクササイズ
実践中!
私って素敵!
After

3章

食事編

健康で美しい体型が一生続く食生活

「私たちの体は食べたものでできている」

これは、ノーベル化学賞・ノーベル平和賞を受賞したライナス・ポーリング博士の言葉です。食事の質と量が体にとってもっとも大事であることを伝えています。

ポーリング博士は、人の体は栄養素で構成されていて、その栄養素が欠乏することで病気になると考えています。ビタミンやミネラルを摂取して体のバランスを整えることで健康になれると唱えています。この考え方を分子整合栄養医学といいます。

現代医療は、「血圧が上がれば降圧剤」「血糖値が高くなればインスリン」といった具合に対症療法が主流です。いろいろな症状が同時に出ていた場合、それぞれの症状を消す薬を処方します。根本的な原因を突き止めるどころか、複数の薬を使った場合の副作用については、ほとんど研究されていないといっていいでしょう。

体の不調は、加齢やストレス、遺伝的体質、不適切な食生活や生活習慣、飲酒、喫煙などさまざまな原因によります。分子整合栄養医学は、人体の仕組みを分子レベルで分析し、不足している栄養素を補給することによって、自然治癒力をアップさせて健康へと導きます。

私もこの理論に基づき、体を構成する食べ物の栄養にはとても気を使っています。

普段から意識してほしいのはもちろんですが、ダイエット期間はとくに栄養面には気をつけていただきたいと思います。食事面のアドバイスも実践編でお伝えしますので、ぜひご参考にしてください。

カロリー計算はやめよう

成人の摂取エネルギーを見ると、終戦直後の昭和21年が1903kcal、飽食の時代と言われる現代は1863kcal（平成27年調査）です。なんと現代のほうがカロリー摂取量は少ないのです。

しかし明らかに太っている人は現代のほうが多く、男女ともに30代から歳をとるごとに太る傾向にあります。これはカロリー制限をベースとしたダイエットの常識からすると辻褄《つじつま》が合わないことになるのです。

「ダイエット＝カロリー計算＝苦しい」という図式ができあがってしまっている人が

多いと思います。でも、ストレスはダイエットにとって最大の敵です。ストレスだらけのダイエットをすると、頑張って一時的には目標体重に到達しても、キープすることができません。ストレスを感じると体は危機的状況だと判断して、余計に脂肪を溜め込もうとするからです。

とくに食事がストレスになってしまっては、ダイエットどころか健康そのものに悪影響が出てきます。カロリー計算による食事では全然楽しくないし、逆に苦痛の時間にもなりかねません。「ダイエットは苦しくない」という発想を植えつけるためにも、カロリー計算をしないほうがいいのです。

ダイエットをしたことがある人ならわかるでしょうが、カロリーを制限しても思うように痩せていかないことが多いでしょう。それに、毎食毎食カロリーを計算するのは面倒ですし、正確に食事のカロリーを算出することは無理があります。

カロリーを気にするより、体にいいものを選んで食べるようにしたほうがいいのです。とくに体脂肪増加の最大の要因となる糖質の摂取に気をつけ、必要な栄養をしっかり摂っていると、健康的でバランスの良い体が手に入るのです。そのために、日本人の私たちにもっとも適しているのが日本食です。

カロリー中心のダイエットからの脱却

推奨される摂取カロリーは30代から50代の男性で2600kcal、女性で2000kcalとされています。しかし、実際には男性も女性もその数値を下回っています。働き盛りといえる30代から50代の男性で3人に1人、女性で5人に1人が肥満という現実は、カロリーの摂りすぎによるという図式は完全に当てはまらないのです。

そもそもカロリー計算は、その食材がもつエネルギーをただ計算すればいいわけではありません。そこには、いくつかの不確定要素が含まれています。

①同じカロリーでも、各栄養素（三大栄養素）によって性質や役割が違う
②同じ食材でも、生産環境や過程、大きさ、密度などにより、含まれるカロリーが違う
③摂取したものがすべて体内で吸収されるわけではない
④同じ身体活動やスポーツをしても、体格や体質によりエネルギー消費量は変化する
（気温や環境によっても変わる）

⑤食べ方や生活習慣などで、エネルギーを蓄える過程に変化が出る
⑥同じカロリーでもGI値が違う

このように計算されるカロリーだけを気にしてダイエットするのは無理があるのです。

ダイエット成功にはカロリーよりもGI値

ダイエットは、カロリーよりもGI（Glycemic Index）値に注目すべきです。これは、食べた物が体内で糖に変化して血糖値を上昇させるスピードを表わす指標のことです。これをコントロールしてこそ真のダイエットが可能になります。

ですから、ダイエットのための食事のメニューはカロリー値で決めるのではなく、GI値がより低いものを中心に決めたほうがいいのです。

GI値の高い食品を食べると、急激に血糖値が上昇するため、その血糖値を下げようとしてインシュリンが分泌されます。ところが、別名〝肥満ホルモン〟ともいわれるインシュリンは、血糖値を下げるだけでなく、脂肪をつくる、脂肪の分解を抑制するという働きもします。ですから、インシュリンが多く分泌されるほど、脂肪がつきや

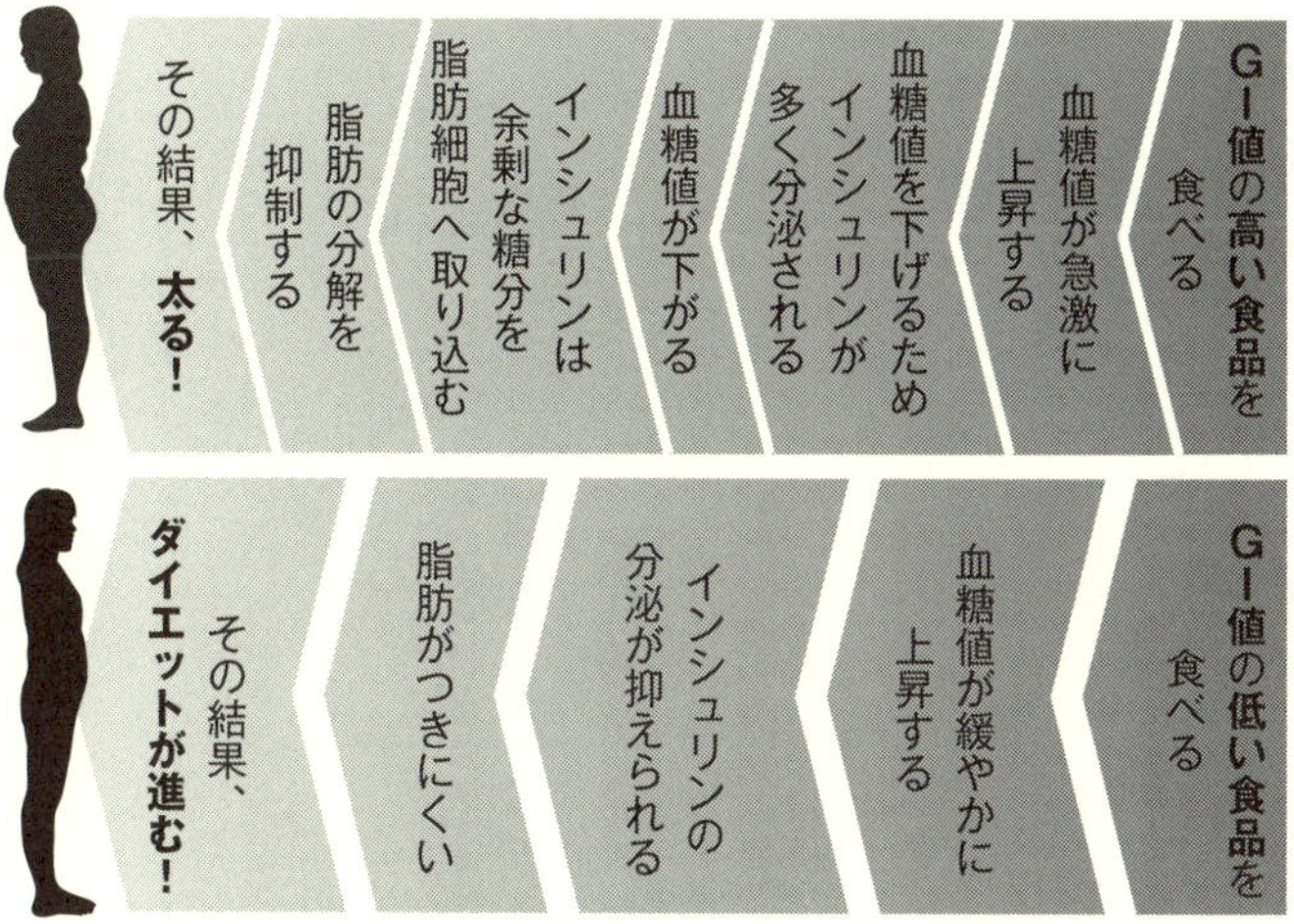
GI値の高い食品を食べる
血糖値が急激に上昇する
血糖値を下げるためインシュリンが多く分泌される
血糖値が下がる
インシュリンは余剰な糖分を脂肪細胞へ取り込む
脂肪の分解を抑制する
その結果、太る！
GI値の低い食品を食べる
血糖値が緩やかに上昇する
インシュリンの分泌が抑えられる
脂肪がつきにくい
その結果、ダイエットが進む！

すくなり、肥満にもなりやすいのです。

ＧＩ値の低い食品を食べていると、血糖値の上昇が緩やかになり、インシュリンの分泌は抑制されます。その分、脂肪がつきにくい体になります。

ＧＩ値が低い食品を食べると、肥満の防止になるだけでなく生活習慣病の予防にもなります。

ＧＩ値が60以下の食品は〝低ＧＩ値食品〟とも呼ばれています（ＧＩ値はブドウ糖を摂取したときの血糖値上昇スピードを１００として相対的に表わされている）。低ＧＩ値の食品を中心とした食生活をすると、

・ダイエット効果が得られる
・糖化を改善できる
・ガン、糖尿病などのさまざまな病気のリスクを軽減できる

といったメリットがあります。

たとえば、白米のＧＩ値は88、玄米のＧＩ値は55です。ですから、白米中心の生活をするよりも、玄米中心にしたほうがダイエットのためにも健康のためにも効果的です。

１１３～１１４頁の表はＧＩ値の一覧です。ご参考にしてください。

痩せるために食べる

カロリーを計算して、食べたいものをガマンして、四苦八苦して体重を落とす。その結果は、ストレスと栄養の偏りで肌は荒れ、表情はくもる。そのうえ気持ちがイライラするのではなんの意味もありません。

それでも痩せることができれば、達成感や喜びを得られるかもしれませんが、果た

G I 値一覧

GI値の低いものを選んで食べましょう(60以下を基準に)
ダイエットの味方は、血糖値をゆっくり上げるスローフードです。
脂肪のつかない体をつくるためには、血糖値の急激な上昇を抑えることが大切。

飲料水

食品	GI値
梅酒	53
ココア	47
コーラ	43
100%オレンジ	42
スポーツドリンク	42
カフェオレ	39
サワー	38
クリーム入りコーヒー	35
日本酒	35
ビール	34
ヨーグルトドリンク	33
ワイン	32
焼酎	30
ミルク紅茶	20
ブラックコーヒー	16
無糖紅茶	10
日本茶	10

穀類

食品	GI値
餅	85
精白米	84
もち米	80
赤飯	77
麦芽精米	70
麦	65
白米がゆ	57
玄米	56
五穀米	55
発芽玄米	54
黒米	50
赤米	49
ハトムギ	48
玄米がゆ	47

パン類

食品	GI値
あんぱん	95
フランスパン	93
食パン	91
バターロール	83
ナン	82
ベーグル	75
クロワッサン	68
ライ麦パン	58
全粒粉パン	50

粉類

食品	GI値
パン粉	70
片栗粉	65
白玉粉	65
薄力粉	60
天ぷら粉	60
強力粉	55
そば粉	50
アマランサス	45
小麦全粒粉	45

麺類

食品	GI値
ビーフン	88
うどん	80
インスタントラーメン	73
マカロニ	71
そうめん	68
スパゲッティ	65
中華麺	61
そば	59
全粒粉スパゲッティ	50
春雨	32

フレーク類

食品	GI値
コーンフレーク	75
玄米フレーク	66
オートミール	55
オールブランシリアル	45

ＧＩ値一覧

GI値の低いものを選んで食べましょう(60以下を基準に)
ダイエットの味方は、血糖値をゆっくり上げるスローフードです。
脂肪のつかない体をつくるためには、血糖値の急激な上昇を抑えることが大切。

豆類

食品	GI値
さらしあん	83
こしあん	80
つぶあん	78
うぐいす豆	58
おたふく豆	57
うずら豆	55
レンズ豆	55
がんもどき	52
厚揚げ	46
あずき	45
グリーンピース	45
油揚げ	43
豆腐	42
豆乳	23
大豆	20
ピスタチオ	18
くるみ	18
ゆば	15

果物

食品	GI値
イチゴジャム	82
パイナップル	65
乾燥バナナ	65
缶詰黄桃	63
缶詰パイナップル	62
すいか	60
バナナ	55
巨峰	50
メロン	41
柿	37
さくらんぼ	37
レモン	34
梨	32
オレンジ	31
パパイヤ	30
いちご	29
ゆず	28
アボカド	27

糖類

食品	GI値
グラニュー糖	110
氷砂糖	110
粉砂糖	109
上白糖	109
三温糖	108
黒砂糖	99
水あめ	93
はちみつ	88
生クリームケーキ	82
クッキー	77
メープルシロップ	73
アイスクリーム	65
ポテトチップス	60
シュークリーム	55
プリン	52
ゼリー	46
果糖	22
人工甘味料	10

してそれを続けられるでしょうか？

カロリー計算を続ける面倒さ、やめたらリバウンドするのではないかという恐怖、実際にリバウンドしてしまい、これまでの苦労がムダになる喪失感。

そんなものとは無縁の、ストレスがなく、必要な栄養をしっかり摂って健康的に美しく痩せることこそ、一生もののダイエットです。

そのためには、腸が喜ぶ食事を摂るのが基本です。といっても面倒なことではありません。何度もお話ししているように、私たち日本人が長い歴史の中で食べ続けてきた食事で十分。ご飯と味噌汁、焼き魚に肉炒め、おひたしや煮物といった、いわゆる一汁三菜で十分なのです。

食材は5色でチェック

食材の選び方でわかりやすいのが5色を目安にする方法です。117頁の表も参考にすると、ダイエット時にどの食材が必要になっているか、適切に判断することができます。

黒

便秘改善にオススメ！

わかめやひじきなどの黒色の海藻類、きのこ類やごぼう、玄米などの茶色い食材は、食物繊維が豊富で腸内環境を整え、便秘改善に役立ちます。また、食物繊維はお腹の中で膨らみ、満腹感が得られるので、ストレスなくダイエットを継続することができます。

白

「エネルギーの源！」

白い食材の代表は、ご飯や麺類で、パンも含まれます。主食といわれるこれらの炭水化物は糖質を多く含み、脳などのエネルギー源として欠かせない栄養素ですが、ダイエット中の摂りすぎはＮＧです。

ただし極端な糖質制限はやめましょう。体調不良を起こしたり便秘になったりします。極端な糖質制限で痩せた場合は、食事を戻した途端にリバウンドする危険性があります。糖質が気になるなら量を調整してください。摂取するタイミングも大事です。

目的別色別おすすめ食材

◎＝しっかり摂る　○＝普通に摂る　△＝少し控えめに

	赤	黄	緑	白	黒
	牛肉、豚肉、鶏肉、たこ、えび、マグロ、鮭、赤味噌、人参、トマト	卵、生姜、カボチャ、スパイス、納豆、ゆば等の大豆製品、サツマイモ、トウオロコシ、柑橘類	ホウレン草、ブロッコリー、小松菜、しそ、キャベツ、レタス、ピーマン、万能ネギ、カボス、キウイ、枝豆	ごはん、麺類、パン、牛乳、小麦粉製品、白菜、豆腐、はんぺん、ちくわ、白身魚	わかめ、昆布、ひじきなどの海藻類、シメジやシイタケなどのきのこ類、黒ゴマ、黒豆
美肌	○	◎	◎	○	◎
ダイエット	○	◎	◎	△	◎
貧血	◎	◎	◎	○	◎
便秘	○	◎	◎	○	◎

緑

体の調整役！

キャベツやホウレン草、ブロッコリーなどの緑の野菜はミネラル、ビタミンがたっぷり。ダイエット中、1食に1品は必ず緑の食材をとり入れましょう。代謝サイクルをスムーズにしてくれる緑の食材は、量を気にせずたっぷり摂りましょう。

黄

「体を温める！」

生姜やカレー粉などのスパイスは体を温めてくれる食材。カボチャはビタミンEを豊富に含み、血行を促進して体を温めてくれます。

冷えはダイエットの大敵。冷えを感じたら黄色の食材を意識して摂りましょう。

赤

「代謝アップと体づくりに！」

赤身の肉やマグロなどの赤色の食材は良質なタンパク質を多く含んでおり、体の中で血や肉をつくる材料になります。代謝がアップするので、ダイエット中の食材としておすすめです。ただし、脂肪分の多い肉類は控えましょう。

キムチなどに含まれる唐辛子や乳酸菌も代謝アップの効果が期待できますし、腸内環境を整えてくれます。トマトやニンジンは抗酸化作用が高く、ビタミンが豊富な食材なので、サビない体づくりにも役立ちます。

前頁の表を参考にして、どの色の食材が必要か判断しながら、自分の目的に合った食材を選んでください。

ＰＦＣバランスを整えよう

ダイエットで重要なのはカロリー計算ではなく、栄養のバランスであるとお話ししました。その目安になるのがＰＦＣバランスです。ＰＦＣは、「Ｐ＝タンパク質」、「Ｆ

＝脂質」、「C＝炭水化物」の三つを合わせたものです。栄養バランスを考えるときの目安になります。

『P』タンパク質の摂取

○適した食品

肉、魚介類、卵、乳、大豆と大豆製品、ご飯、パン、麺類、野菜類

○1日の摂取量

成人男性でおよそ60グラム、成人女性でおよそ50グラム。これはあくまで目安です。生活習慣などによって大きく異なってきます。

○注意点

タンパク質は摂りすぎると、肝臓と腎臓に負担をかけます。反対に不足すると、体力や免疫力が低下するほか、血管が弱くなり、脳卒中の危険性が高まります。

『F』脂質の摂取

○適した食品

油脂、肉、魚、種実など

○1日の摂取量

総エネルギーに占める脂質エネルギーの比率は30％が適正とされていますが、最低20グラムは必要とされています。

○注意点

摂りすぎると、体脂肪を増加させます。糖尿病や高脂血症、動脈硬化が起こりやすくなるともいわれています。

反対に不足すると、血管や細胞膜が弱くなり、脳出血の可能性が高まるほか、免疫力が低下して病原菌に対する抵抗力が衰えてきます。

『C』炭水化物の摂取

○適した食品

穀類、いも類など

○1日の摂取量

厚生労働省が5年毎に行なっている「日本人の食事摂取基準（2015）の報告書」によれば、1日の炭水化物（糖質）の摂取量は、1日に必要なエネルギー量の50～65%となっています。

20歳の健康的な女性で252～328グラム、お茶碗1杯に含まれる炭水化物（糖質）が50～60グラムですから、お茶碗5～6杯分です。なかなかの量になります。50歳の女性でも178～231グラムで、お茶碗3～4杯です。

実際には人によって活動量が違うので、この数値のまま炭水化物を摂取すると、糖質を消費しきれずに脂肪細胞となり溜まってしまいます。

目的ごとに次の数値を参考にしてください。

・ダイエット目的➡1日の糖質摂取量：お茶碗1杯～1杯半

○注意点

炭水化物を摂りすぎると、余ったエネルギーは体脂肪として蓄積されてしまいます。

とくに砂糖や果糖は、体内で「内臓脂肪」に変わりやすい性質をもっているので控え目にしましょう。

炭水化物は、不足すると筋肉や体脂肪が分解され、エネルギー源として充当されます。そのために筋肉が痩せたり、内臓の疲労感が強くなったり、重篤な場合ではケトン血症という病気になったりします。

最近、炭水化物を抜くダイエットが話題になっていますが、実際は専門家の指導のもとで行なわないと危険なものなのです。

ダイエットならば、ご飯を1膳ほど日中に食べる程度が目安です。

「孫は優しい超元気」で体が喜ぶダイエットを!

体にいい食材として推奨されているのが「ま・ご・わ・や・さ・し・い」です。ま(豆)、ご(ごま)、わ(わかめ)、や(野菜)、さ(魚)、し(しいたけ)、い(いも)をバランスよく摂取すれば健康な体をつくることができます。これも、ダイエット時の食材の選び方のわかりやすい目安になります。

おすすめ食材「孫は優しい超元気」

ま	豆類…大豆、黒豆、小豆、味噌、豆腐など
ご	ごま、くるみ、ナッツなどの種実類
は(わ)	発酵食品…味噌、醤油、甘酒、ぬか漬け、キムチなど わかめ・ひじき・もずく・昆布などの海藻類
や	野菜＆果物類…種類は偏りなくカラフルに! 見る栄養素の意味合いもある
さ	魚類…とくに青魚は良質な油、EPA・DHAなどのオメガ3系脂肪酸が豊富
し	嗜好品…我慢しすぎないで嗜好品をたまには食べる。ただし、依存性が強いものが多いので注意が必要
い	芋類…芋類は食物繊維と炭水化物を多く含む。パンなどの精製したものより、ダイエット中はとくに自然のまま食べるのがオススメ
ちょう	調味料…味噌、醤油、塩など毎日使うものにはこだわってなるべくオーガニックのものを選びましょう
げん	玄米…または分づき米。玄米と白米の中間のお米です。主食はパンよりも米
き	きのこ類…しいたけ、しめじ、エリンギ、なめこなど

もちろんこれでも十分なのですが、「太田式グレートダイエット」ではこれを少しアレンジしたものをみなさんにおすすめしています。それは、「孫は優しい超元気（ま・ご・は・や・さ・し・い・ちょう・げん・き）」です。体の健康だけでなく、心の健康のことも考えてアレンジしてあります。ただし、いくら体にいいと言っても摂りすぎは禁物です。摂取量には気をつけましょう。

表を見ると、日本人が長年食べてきた伝統食の素晴らしさがよくわかります。一汁三菜が日本人の体にいちばん合っていることは間違いありません。できるだけ旬の食材を使った一汁三菜を基本にして栄養のバランスをとり、そこに他の食材を加えていくよう心がけましょう。

日本が誇る発酵食品でさらに美しく健康に！

日本食には発酵食品が豊富です。これは日本が生み出した素晴らしい健康食材です。発酵食品が体に良いことはよく知られています。

発酵とは、さまざまな微生物や酵素によって栄養素が分解されることです。それによって体内で栄養素が吸収されやすくなります。

たとえばダイエットに便秘は大敵ですが、日ごろから発酵食品を摂っていると、腸内環境が整い、便秘が改善されます。

とくに戦後、日本には欧米を中心にさまざまな海外の食品が流入してきています。どれが私たち日本人の体に合っていて安全な食品なのかを見きわめるのは、とても難しいことです。その点、日本食はひとつの民族が長年にわたって食べ続けてきた伝統食ですから、日本人の体に合っているのはもちろん、安全性の高い食品です。体に合わないものは、長い年月のなかで淘汰されてきたからです。

とくに伝統食の一つである発酵食品に共通しているのは、毎日、無理なく、しかもおいしく食べられるという点です。必要な栄養素を的確に摂取できるサプリメントであったとしても、他の栄養素とのバランスや、毎日無理なく、おいしく食べられるかとなると難しいでしょう。発酵食品なら、食品の3つの機能（エネルギー供給、おいしさ、生体調節）をバランスよく備えているので、無理なく、おいしく食べ続けることができます。

ビタミン、ミネラルを摂取して代謝をアップ

ビタミンは有機化合物であり、三大栄養素（炭水化物、タンパク質、脂質）のエネルギー変換や反応を助けて体の機能を調節する「微量栄養素」です。ビタミンが不足すると三大栄養素の変換がうまくいかず、体にさまざまな影響が出てきます。

またミネラルは、体液や神経の調節をし、骨や歯をつくるなど、体の基本的な構造に深く関わっています。体に含まれるのはごく微量ですが、その働きはとても大きいのです。

ビタミンB群や鉄分が不足するとエネルギー産生が円滑に行なわれず、疲れやすくなりますし、食べたものを消化する力も下がります。また、冷え、眠りが浅い、生理不順などにもつながってきます。これらの栄養素を効果的に摂るのも重要です。

とくにダイエット中は、海藻、野菜や果物、そしてキノコなどからビタミン&ミネラルを摂取することで代謝を上げましょう。食べたものをより燃焼してくれます。これらには食物繊維も豊富ですから、便秘の解消にもなります。カロリーが少ないわり

代謝を上げるのに役立つビタミン・ミネラル

ビタミン

種類	働き	食品
ビタミンB_1	糖質をエネルギーに変える	豚ヒレ肉、生ハム、豚もも肉、ボンレスハム、たらこ（焼）、うなぎ（蒲焼）
ビタミンB_2	脂質の代謝	豚レバー、牛レバー、焼きのり、鶏レバー
ビタミンB_6	タンパク質の代謝	にんにく、まぐろ（びん長）、鶏ひき肉、いわし（丸干）、鶏ささみ、塩鮭
ナイアシン	糖質、脂質、タンパク質の代謝	たらこ（生）、まぐろ（びん長）、明太子、かつお、まぐろ（きはだ）、いわし（丸干）

ミネラル

種類	働き	食品
鉄	赤血球を強くし、酸素と栄養を多く運べるようにする。細胞のミトコンドリアのエネルギー（ATP）産生に関わる	レバー、大豆、青菜、魚、肉
カルシウム	骨や歯の材料、筋肉の働きを助ける。神経の伝達を助ける	小魚、海藻、根菜類、緑黄色野菜　※乳製品はNG
マグネシウム	心臓・血管を正常に動かし、筋肉の収縮や神経伝達物質の働きを助け、エネルギーの代謝に関わる	納豆、のり、わかめ、あさり、しらすなどの豆類や魚介類
亜鉛	新陳代謝を高め、免疫力アップ	牡蠣、あわび、たらばがに、するめ、豚レバー、牛肉、卵、チーズ、高野豆腐、納豆、えんどう豆、切干大根、アーモンド、落花生など

に栄養成分は多いので、ダイエット中ではたくさん食べてください。他にもビタミン、ミネラルを含む食品を紹介します。前頁の表を参考にしてバランスよく摂取しましょう。

良質な油で体脂肪を洗い流す

ＰＦＣの一つである脂質は、ホルモンの分泌や美しい肌をつくるためにも大事な栄養素です。

ダイエットでは脂肪を落とすことを目指しますから、できるかぎり脂肪分を摂らないほうがいいと誤解する人もいます。しかし、私たちの体のなかでは、脂肪はとても大切な栄養素です。

およそ37兆個とも60兆個ともいわれる体の細胞の細胞膜を構成する主要な成分は脂質です。さらに、脳の成分の60％は脂質です。ですから、〝体にいい油〟を摂ることはダイエット中でも必要なのです。

また、ダイエットで体に溜まった脂肪を落とすには、クレンジングオイルで顔の油汚れを洗い流すように、〝体にいい油〟で落とすのが効率的です。

必須脂肪酸

	オメガ3	オメガ6
主な作用	・中性脂肪を減らす ・肌荒れ改善 ・便通の改善 ・糖尿病、心血管疾患のリスク軽減 ・アレルギー性疾患の緩和 ・免疫調整 ・女性のがん予防 ・更年期症状の緩和 ・炎症抑制作用	・血中コレステロール値を下げる ・アレルギー促進 ・炎症促進 ・血液を固める
多く含む食品	**《α-リノレン酸》** ・アマニ(亜麻仁)油 ・シソ油 ・エゴマ油 ・キャノーラ油 ・ダイズ油 ・ホウレン草やチンゲンサイなどの青物野菜 **《エイコサペンタエン酸(EPA)、ドコサヘキサエン酸(DHA)》** ・魚油食品 ・肝油 ・ニシン、サバ、イワシなどの青魚 ・サケ、タラ、ナンキョクオキアミなどの魚介類	・大豆油 ・コーン油 ・サフラワー油 ・綿実油 ・ひまわり油 ・豚レバー ・牛レバー ・卵黄
摂取のポイント	オメガ3は熱と光に弱いため、「生で利用する」ことがポイント。そのままスプーンにすくって飲んだり、納豆やパン、ヨーグルトにかけたり、ドレッシングにしたりとさまざまな使い方ができる。温かい食事にかけても問題ない。	コレステロールを下げるが、善玉コレステロールも減少する。オメガ3と逆の作用をするため摂りすぎに注意。

〝体にいい油〟を摂るには、できるなら必須脂肪酸のうちオメガ3とオメガ6を1対2の比率で摂るのがおすすめです。

腸を汚し体を汚す食品はできるだけ避ける

普段、私たちが食べている加工食品には多くの添加物が含まれています。腐らないようにするためだったり、見た目を良くするためだったり、味を良くするためだったり、用途はいろいろです。そんな添加物が体に良くないことはすでによく知られています。

では、体に良くないのになぜなくならないのか。それは〝売る〟ことを大前提に考えられ、開発されてきたからです。消費する私たちもそれを知りながらスーパーやコンビニで食品を買い求めています。体に悪いといっても、毒物と違って食べてもすぐ症状に出るわけではないからです。なんとなく大丈夫だろうと思って、継続して添加物入りの食品を食べ続けています。

でも、自然のままでは考えられないくらい長い賞味期限の食品、安価でいつでも手に入るような食品などに含まれる添加物を摂り続けることがいかに危険か、よく知らなければなりません。少しずつ体内に蓄積されていくので、すぐには気づきませんが、体の中では少しずつ異変が起こってきます。代謝機能が衰える、血液やリンパの流れが悪くなる、体液が汚れるといった変化からはじまり、症状が出たころには手遅れになっているかもしれません。

そんな危険性があるとも言われる添加物を世界でいちばん使用しているのが日本なのです。

ある養豚農家のお話です。

西日本新聞社発行のブックレット『食卓の向こう側』によれば、ある養豚農家で、月20万円のエサ代を浮かせるため、母豚に賞味期限の切れたコンビニ弁当やおにぎりを約4カ月ほど与え続けたといいます。すると、死産が相次いだというのです。やっと生まれても奇形だったり、すぐに死んでしまったり、透明なはずの羊水がコーヒー色に濁っていたそうです。

賞味期限切れのコンビニ弁当といっても、弁当は賞味期限の2時間前に廃棄するので、腐っていたわけではなく、農場主が食べても問題のない品質だったそうです。人間でいうと、3食すべてをコンビニ食にしたのと同じ状態です。

農場主が慌てて元の穀物のエサに戻したところ、お産は元に戻りました。どこのコンビニ弁当だったのかを公表すると、パニックが起きるということで公表されませんでしたが、怖い話ですよね。

原因をはっきりと断定はできませんが、その間ずっとコンビニ食だったことを考えると、添加物が豚の体に影響を与えたことは否定できません。人間の体にも多大な悪影響を及ぼす可能性は十分にあります。できるだけ無添加のものを選んで食べるようにしたいですね。

食品に含まれる有害物質は添加物だけではありません。環境ホルモンや農薬の影響もあります。

それでも本来であれば、体に有害な物が入ってきたら免疫機能や肝臓の機能によってデトックス（排毒）されていきます。しかし、長年にわたって毒素が蓄積され続けると、正常なデトックスができなくなり、肥満や生活習慣病の原因にもなります。

ですから、環境汚染が進んでしまった時代に生きる私たちは、毎日口にする食べ物

添加物が多く含まれる食べ物

菓子パン、ハム・ソーセージ、清涼飲料水、スナック菓子、コンビニ弁当、ファストフード、マーガリン、ショートニングなど

代表的な添加物

亜硝酸ナトリウム（発色剤）
アスパルテーム（合成甘味料）
酸化防止剤、防カビ剤、保存料、トランス脂肪酸、着色料、安息香酸ナトリウム（防腐剤、保存料）
イマザリル（防カビ剤）
酢酸ビニル樹脂（ガムの基礎剤、皮膜樹脂）
ソルビン酸カリウム（防腐剤、保存料）
エルソルビン酸ナトリウム（酸化防止剤）
メタ重亜硫酸カリウム（漂白剤）

について確かな情報や知識を持つことが絶対に必要です。また、すでに体内に蓄積してしまった有害物質をデトックスする智恵も必要です。

私がこの本でおすすめしているダイエットの要は〝腸をキレイにすること〟ですが、普段から口にする食材が汚染されていたら、かえって腸を汚してしまうことになってしまいます。排毒・解毒器官である肝臓と腎臓に負担をかけない食べ物を摂るようにしましょう。

その点でも、日本食は優れています。発酵食品を中心に一定のデトックス効果が期待できるからです。

正しく食べること、そしてデトックスす

ることで腸がキレイになり、ダイエットの成功率もまちがいなく高まります。

食品添加物との決別で体が劇的変化！

私のもとに訪れるクライアントさんのなかに、普段の食事のほとんどがコンビニ弁当やファストフードなどばかりという人がいました。

大串さん（仮名・26歳・女性）は、社会人になってから15キロも太ってしまいました。これまで自己流でさまざまなダイエットに取り組んできたのですが、なかなか痩せることができずに相談に来られました。

今までのダイエット歴を聞くと、バナナダイエット、置き換えプロテインダイエット、糖質制限ダイエット、エステの痩身コース、短期間ダイエットジムなど、次々といろいろなダイエットが口から出てきます。

手当たりしだいと言ってもいいくらい、いろんなダイエットにチャレンジしてきましたが、一時的に痩せてもすぐにリバウンドしてしまい、一度もダイエットに成功したことがなかったそうです。

大串さんの
それまでの食事内容

朝

コンビニパン
野菜ジュース
ヨーグルト
フルーツグラノーラ
牛乳

昼

コンビニ弁当
コンビニサラダ
カップ麺

夜

コンビニの麺類
お惣菜
　フランクフルト
　唐揚げ、おでん
カップスープ
毎日の晩酌
　糖質0ビール
　糖質0酎ハイ

間食

グミ、スナック菓子、チョコレート、アイス

■ 問題点

- 毎日ほとんどコンビニ弁当やお惣菜、カップ麺などの添加物が多く使われる食品を食べている
- サラダや低カロリー食品にも食品添加物や化学調味料が多く使われており、代謝不良や将来的な病気につながる恐れがある
- 添加物や化学調味料で味付けされたものは中毒性が強く、味覚障害にもつながる
- 自然の食べ物ではあり得ないほど長い賞味期限の食品には添加物が使われている危険性が高い

よく聞くと、中学生になってからは洋食中心の食生活に変わったことがきっかけで深刻な便秘にも悩まされていました。今度こそしっかりダイエットに取り組み、これを最後にしたいというのです。

大串さんには、次のようなアドバイスをしました。それに従って、30日間ダイエットに取り組んでもらいました。いちばんのポイントは「不自然なものを食べないこと」。これに尽きます。

その結果、30日で本人も驚くほど体がスッキリして体調が良くなりました。さらに、本人の希望でプラス20日間行なうことに。合計50日間取り組んで、最終的にマイナス8・4キロを達成し、その後も維持しています。体調も以前と見違えるほどいい状態になっています。

〈改善アドバイス〉

①糖質0のビールを普通のビールに変える

糖質0のビールは、糖類を使わない代わりに食品添加物を使って味を整えている。

それらの添加物は肝臓や腎臓に蓄積されて代謝力低下をもたらす

②カロリー0食品を食べない

人口甘味料を摂ることで逆に空腹感が増したり、甘み中毒になって食べすぎにつながったりして太る原因に

③コンビニ弁当ではなく定食屋さんなどで食べる

作っている人が誰なのかわかっているほうが安全性が高い

④果汁100%の野菜・果物ジュースを飲まない

その多くは濃縮果汁還元法で作られており、本来含まれているはずのビタミンCや酵素、食物繊維はほとんど含まれていない

⑤朝のフルーツグラノーラをやめて新鮮な果物を食べる

シリアル類のほとんどは砂糖や小麦粉、カタカナ表記の添加物が多く含まれている。「1日分の〇〇がこれ1食で摂取できる、〇〇配合、食物繊維が〇グラム摂れる」などのいかにも体に良さそうな宣伝文句には注意が必要

⑥たまには休肝日をつくる

毎日飲酒すると肝臓に負担がかかり、体にエネルギーを送れなくなる。そうすると

食欲が増しやすくなる

⑦主食を米にする

小麦粉たっぷりの食品は血糖値が上がりやすい。和食の基本である一汁三菜でバランスよく栄養摂取を

⑧シャワーではなくバスタブにしっかり浸かる

発汗によるデトックス効果と代謝アップ、疲労回復効果を高める

⑨好きな音楽を聴く

リラックス効果がある

⑩断捨離

不必要なものを捨て、余計なことを考えないようにして身も心もスッキリさせる

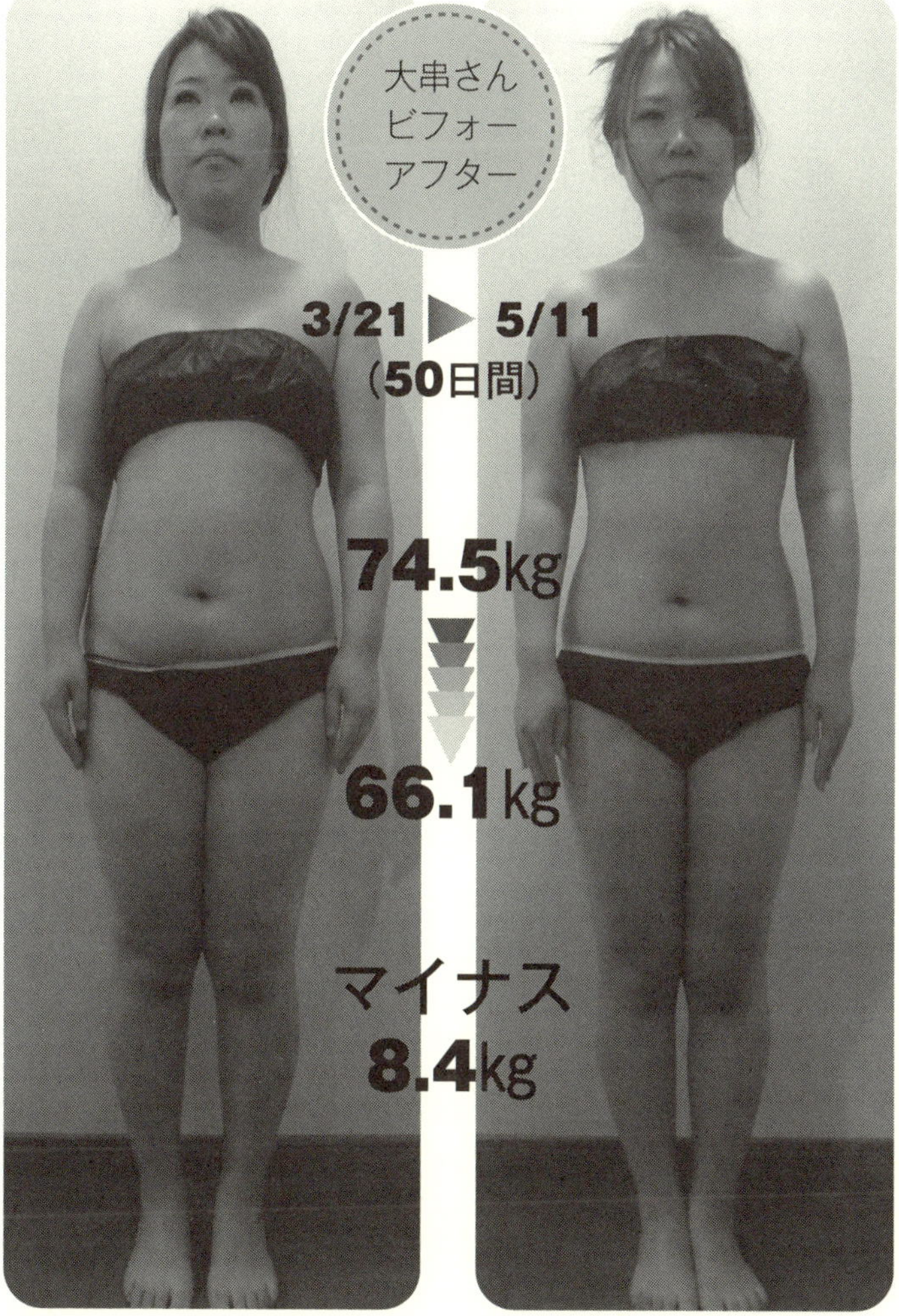
大串さん
ビフォー
アフター
3/21 ▶ 5/11
（50日間）
74.5kg
66.1kg
マイナス
8.4kg

NG例 やってみましたグルテン生活

いかに現代の食生活が体にとって良くないのか、私自身の体で試してみました。

２０１６年の秋、ニューヨークで最新のボクシングエクササイズや、オーガニック食品を扱うカフェなどを視察するためアメリカに行きました。その滞在期間中から約１カ月間、小麦粉製品ばかりの食事に変えてみたのです。

①小麦粉製品だけの食事（9／16～10／23）

【食事】１日２食（昼と夜）で、小麦粉製品（パン、ピザ、パスタなど）を毎日食べ続ける。間食でお菓子やパン。毎日飲酒。清涼飲料水や果汁１００％ジュースも飲む。

【運動】軽い筋トレを週2回ほど。

➡炭水化物の摂取は以前と比べて激増したわけではないが、お腹がぽっちゃりしてくる。昼間に眠気を感じたり、とにかく体がだるくなり、精神的に不安定になる。心ここにあらずの状態で仕事に支障をきたし始める。

②グルテンフリーの食事（10／24〜11／13）

このまま小麦粉製品を食べ続けたら病気になるかもしれないと思い、緩い感じでグルテンフリー（小麦粉製品抜き）の食事に改善。

【食事】昼はご飯を食べる。揚げ物は食べない。お菓子は食べない。1日2食（昼と夜）は変わらず。間食する回数が減る。間食したとしてもお腹が減ってから。飲酒は毎日。

【運動】朝3分間の筋トレを週5回。お風呂に毎日入り汗出し。

⬇体は緩やかに変化。極端な食事制限もなくお酒も飲んでいたのでストレスは感じず。

③ファスティング（11／14〜11／20）

グルテンフリー生活だけでは足りないと感じ、ファスティングを行なうことに。

【食事】1週間禁酒。動物性の食べ物を控える。

【運動】朝3分間の筋トレを軽めに週5回。

【準備食期間】11／14〜11／15

そばやおかゆなどの軽めの主食に「まごわやさしい」食品を摂る。

【ファスティング期間】11／16〜11／18

ファスティング専用酵素ドリンク４００ミリリットル、水3～4リットル。

【回復食期間】11／19～11／20

おかゆを胃腸に負担がかからないように少しずつ食べていく。魚以外の「まごわやさしい」食品を摂る。

⬇小麦粉製品生活から体重がマイナス３・５キロ減。体脂肪率はマイナス3～5％（測定するタイミングで変動があるのでおおよそ）。お腹の割れ目が見えてくる。

昼間の眠気も体のだるさもほとんど感じなくなる。内臓がしっかりリセットされた感じを受ける。

自分の体を通して、改めて〝人の体は食べた物でできている〟ということを実感しました。体にとって良くないものを好んで食べてはいけません。体に良いものでも食べすぎると体に良くないこともあります。

とはいえ、どんなに気を使っていても知らずしらずのうちに体に良くないものを摂ってしまいます。完全に遠ざけることは難しいです。だからこそ、惰性の食生活を送ることなく、体にいい物を意識して食べることが大事です。この体験では、あらためて

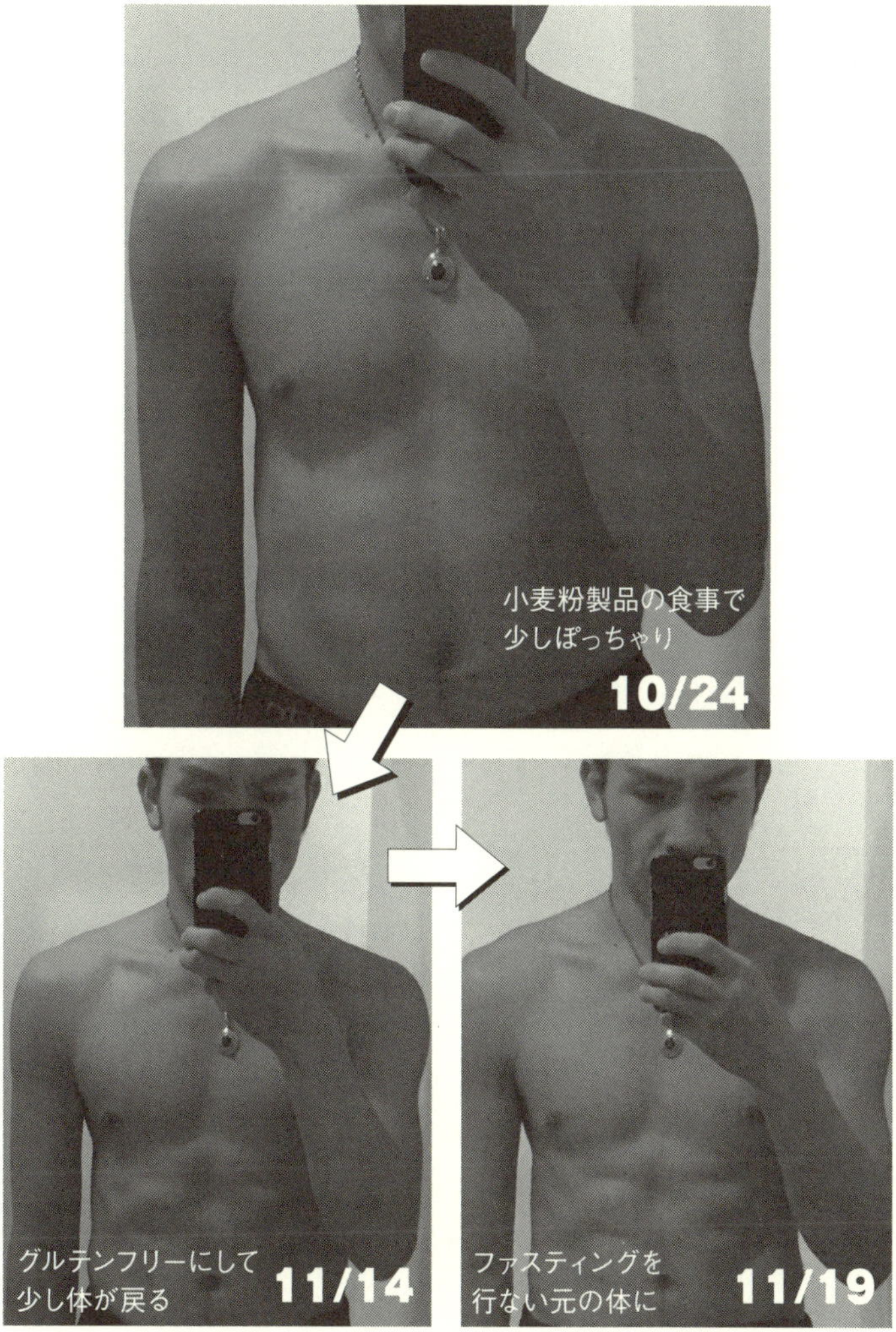
小麦粉製品の食事で
少しぽっちゃり
10/24
グルテンフリーにして
少し体が戻る
11/14
ファスティングを
行ない元の体に
11/19

日本食の素晴らしさを確認しました。

このグルテン生活の期間にファスティングを行ないました。先述の櫻井さんもそうですが、どうしても短期間に体重を落としたいだとか、停滞期を迎えてどうにもならないといったときにファスティングを行ないます。

ファスティングはいわゆる断食とは少し違います。酵素ドリンクを飲んで過ごすのですが、腸をキレイにして体内に蓄積された毒素を排泄するために行ないます。細胞レベルから体が活性化して、体脂肪の燃焼を促します。便秘にも効果的です。健康目的で定期的に行なってもいいくらいです。

体にとっていいことだらけのファスティングですが、知識がないまま一人で行なうのは危険です。本書ではページの都合上、ファスティングについて詳しくご紹介できないので、ホームページでご紹介しておきます。ご参考にしてください。

https://www.youtube.com/channel/UCz6VMlmpqI1YxG0XKyZuddw

コラム

「体型で人生の満足感が変わる？」

アメリカチャップマン大学の研究です。約12000人の男女を対象に、見た目と体重の満足度について調べました。男女ともに約4分の1の人が自分の見た目と体重に満足している一方で、男性の15％、女性の20％が不満に思うと答えました。

外向的で、開放的で、誠実な人たちはより満足を感じ、神経質で、BMIが高い人はより満足感が低かったのです。

また、テレビを見る時間が長い人ほど自分の見た目に満足していないケースが多く、自分の見た目に満足している人は自尊心が高く、友人や家族との関係も良く、経済状況も安定していました。

結局、生活が乱れ、見た目にも肥満な人の人生満足度は低いという結果になったのです。

ということは、自分の生活や見た目をきちんと管理できる人は、より満足できる人生を送れるということです。自分が今どのような状況にあるのかを判断するひとつの基準が体型だといえます。人生楽しく生きるには、自分のことが好きになり、自己肯定感が上がること。そのためにも「太田式グレートダイエット」で自己管理能力と理想の体型を手に入れましょう。

4
章

実践編

腸をキレイにする
ダイエット「４ステップ」

理想の体型を手に入れよう

腸をキレイにして美しくスリムになる「太田式グレートダイエット」は、４つのステップで進めるのがもっとも効果的です。

STEP1 **自分の理想体重を把握**
STEP2 **リセット期間**
STEP3 **ダイエット期間**
STEP4 **美腸ライフの定着**

なかでもステップ３のダイエット期間が核になります。ステップ２と合わせて約30日が目安です。この期間で目標の体型に到達できるようトライしていきますが、大事なのは無理しないこと。あくまで目安にして、自分の心と体と相談しながら決めてください。では、「太田式グレートダイエット」のスタートです。

STEP 1

自分の理想体重を把握しよう

——無理のない範囲で目標体重を設定する

ダイエットするに当たって目標を設定することは非常に重要です。やみくもにダイエットだと意気込んでスタートしても、なかなかうまくいかないからです。

ボクサーでいえば階級の設定です。私は現役時代スーパーフェザー級という58・9キロ（130ポンド）での試合を主戦場としていました。通常時の体重が66～68キロでしたので、約7～9キロほどのウェイトコントロールを行ない、試合前日の計量でリミットちょうどでパスするのが慣例でした。

ボクシング界で推奨されている減量幅は、MAXで通常時の体重の10％といわれています。私の場合は普段の体重からマイナス10・6～13・2％でしたから、若干厳しめの減量をしていたことになります。

目標体重の計算方法	①適正体重＝身長(m)×身長(m)×22 ②理想体重＝身長(m)×身長(m)×20 ③美容体重＝身長(m)×身長(m)×19 例）身長160センチの場合 ①適正体重＝1.6×1.6×22＝56.3キロ ②理想体重＝1.6×1.6×20＝51.2キロ ③美容体重＝1.6×1.6×19＝48.6キロ
目標体重設定の目安	1カ月で現在の体重の5％減 3カ月で現在の体重の10％減 例）体重60キロの人 ①1カ月でマイナス3キロまで ②3カ月でマイナス6キロまで

STEP1で、まず目標体重を設定するとき、目安となる計算方法があります。

現在の体重が適正体重にない場合は、まず①を目指します。次に②、さらに③を目指しますが、③はモデルを目指すような人が目標とする数値です。基本的には②までを目標として設定するようにしましょう。

これとは別に、期間ごとに体重のパーセントで目標体重を設定する方法もあります。基本的な目安は次のようになります。

まずは、1カ月で5％減を目指してトライします。3カ月で10％減は、指導する人が付いていないと達成が難しい数字です。ひとりで行なうときは、6カ月でマイナス10％を達成するくらいの余裕をもってチャレンジしてください。

次頁に「痩せる10カ条」を提示しておきます。ダイエットをするにあたって心がけてほしいことが並んでいます。ついつい忘れてしまうこと、心がブレてしまうこともあると思います。たまにながめてダイエットのスイッチを入れてください。

「私の痩せる計画書」「1日のスケジュール」もご自分のダイエットライフに活用してみてください。

STEP 2

リセット期間
——3日間は通常食、その後の4日間は徐々に食事量を減らしていく

自分の目標体重は設定できましたか？　では、いよいよダイエットスタート！　といきたいところですが、その前にリセット期間を設けて、ダイエットにスムーズに取り組めるように食事の調整をしていきます。

まず、最初の3日間はこれまでどおりの食事をします。普段の自分の生活を客観的に振り返るためです。栄養が偏っていないか、食事の量は適量かなどを見ます。できれば食事のたびに写真を撮ってチェックしてください。

『○○さんの痩せる10カ条』

①座りっぱなしはむくみの原因。
1時間毎に立ち上がろう。

②なるべくゆっくり食べること。

③ダイエットの失敗は「やせないこと」ではなく
「続けられないこと」

④アルコールは大脳を鈍らせ、食べ過ぎの原因になる。

⑤体に良いと言われるサラダや野菜ジュースも、
実は注意が必要。

⑥ながら喰いは満足感を得にくい。
食事の時間は平和で穏やかに大切に。

⑦薄味はやせる食事の味付け。

⑧入浴は家でできる最高の痩身エステ。

⑨思い込みが大事！食べても太らないと思うようにする。

⑩「食べれば太る、歩けばやせる」

私のやせる計画書

月

目標達成のための3つのコミットメント（実行計画）

① 。

② 。

③ 。

カ月後 kg・cm減	→	カ月後 kg・cm減	→	カ月後 kg・cm減

今月はどういったところを気を付けますか？

〇〇さんの1日のスケジュール

仕事がある日

6:00	18:00
7:00	19:00
8:00	20:00
9:00	21:00
10:00	22:00
11:00	23:00
12:00	24:00
13:00	1:00
14:00	2:00
15:00	3:00
16:00	4:00
17:00	5:00

お休みの日

6:00	18:00
7:00	19:00
8:00	20:00
9:00	21:00
10:00	22:00
11:00	23:00
12:00	24:00
13:00	1:00
14:00	2:00
15:00	3:00
16:00	4:00
17:00	5:00

また、同時に水分を意識的に摂るようにしてください。ダイエットにおいて大事なのは体にとっていらないものを出すデトックス力を高めることです。体の老廃物を排出するのは水の役割です。体の水分を入れ替えることを水分代謝といいますが、そのためには1日に体重×0・04リットルほどの水分を摂るのが望ましいです。

いきなりたくさん水を飲むのは大変だと思うので、まずは手元にペットボトルの水を置いてこまめに水分を摂ることを意識してください。お茶やコーヒーではなく、真水を飲むようにしてください。

食事の現状把握をして水分摂取が意識的にできるようになったら、次の4日間で徐々に食事量を減らしていきます。ここで大きく膨らんでいた胃袋を小さく変えていきます。食事のメニューは普段と同じでいいので、食事量をいつもの6割くらいを目安に減らしていきましょう。食事量に物足りなさを感じると思いますが、しっかり噛んで食べれば満腹感を得ることができるはずです。

その間に、食事に使われている食材を「赤」「白」「黄」「緑」「黒（茶）」の5色に分けてチェックしてみましょう（117頁参照）。これで、栄養に偏りがないかを大まかに把握します。足りないと気づくものがあったら、取り入れるようにしてみましょう。

色の判断は、だいたいで大丈夫です。飲み物や、漂白、着色された食品、調味料は5色に分類しません。揚げ物は見た目は茶色ですが、揚げる前の食材で判断してください。ただし、揚げ物は多量の油を摂取することになるので、ダイエット中にはおすすめできません。

STEP 3

ダイエット期間 ——美腸食、美腸エクササイズを中心に約1カ月の本格ダイエット期間に入る

ここからいよいよ本格的なダイエット期間に入っていきます。この期間でいちばん大事なのは食事の管理です。腸をキレイにする美腸食を実践します（3章参照）。

リセット期間では普段と同じ食事メニューのまま量だけ減らしましたが、ダイエット期間に入ったら1日2食の食事に変えていきましょう。朝は果物だけの軽めの食事にして、昼と夜は一汁三菜の日本食を中心にします。この最強のダイエット食で体がどんどん変化していくはずです。

食事とともに1日3分の美腸エクササイズにも取り組んでみましょう。美腸エクササイズについては5章を参照してください。

この期間でどうしても体重が落ちない場合は、ファスティングを行なうのも選択肢のひとつです。しかし、先述したようにファスティングは個人で行なうのは難しいので、必ず専門家に相談するようにしてください。

Point ❶ 食習慣の段階的見直し

食事の量をコントロールする、同じ時間帯に食べる、「孫は優しい超元気」の食材でPFC（タンパク質、脂質、炭水化物）の摂取バランスに気をつける（119～123頁参照）。これを2週間ほど続けると、体に変化が現れてくるでしょう。食事のリズムが安定するにつれて代謝も上がってきます。

この時点で2～4キロほど痩せた方もいます。強制的に食習慣を変えた効果で、体重もスルスルと落ちていきやすいのです。しかし、ある程度落ちると体重の下降曲線が緩やかになり、横這い状態に変わってくることが多いのです。これが停滞期で、多くの人はこの時期に挫折しやすいのです。

ほんとうは、停滞期があるのはダイエットが成功している証拠なのです。体重が落ちてきたからこそ、先にお話ししたホメオスタシス機能が働き、体を同じ状態に保とうとするのです。

それだけ体重が順調に落ちてきたと思ってください。このまま続けても何の問題もないと体が判断すれば、必ずまた体重は落ちていきます。

とはいっても、頑張ってダイエットを継続してきたのに、なんで体重が落ちなくなるの!?　と腹立たしくなったり、悲しくなったりする気持ちはよくわかります。でも、この停滞期はいつまでも続きませんから、そのままダイエットを継続してください。

もし停滞期が2週間も3週間も続くときは、抜本的な食事の量を考え直さなければならないかもしれません。でも、このままずっと食事の量を減らすのがつらくなることもあります。

そんなときは、クライアントさんには私が現役のプロボクサーだったとき実践していたチートデイを設けるようにすすめています。これは、ダイエットの停滞期を乗り越えるテクニックです。ただし、きちんと実践しないとリバウンドしてしまうので注意が必要です。

Point ❷ ダイエットの停滞期を解消するチートデイを設ける

チートとは英語で「ズルをする」という意味。チートデイとは、ダイエット期間中にドカ食いする日をつくることです。何を食べてもいいというわけではなく、食べる量を増やすということです。ジャンクフードなど〝余分なもの〟〝必要性のないもの〟を食べてはいけません。

チートデイを行なうと、次の日は体重が1～3キロほど増えていますが、その3日後くらいには体重がストンと落ちます。1歩下がって3歩進むイメージです。これを定期的に繰り返すことでダイエットの停滞期を解消していきます。

チートデイを行なうことで、次のような効果が期待できます。

①〝痩せホルモン〟といわれるレプチンレベルの低下を防ぐ
②エネルギー燃焼、タンパク質合成を促進する甲状腺ホルモンレベルの低下を防ぐ
③筋力を増加させるテストステロンレベルの低下を防ぐ
④ストレスホルモンであるコルチゾールを抑制する

チートデイを行なう目安

25 %以上	チートデイの必要なし。一刻も早い体脂肪減少が必須なので、食事量を減らしたままで頑張りましょう。
20 %前後	２週間に１回
15 %前後	10日に１回
10 %前後	７日に１回
8 %以下	３～４日に１回。ここまでくるとチートデイをしても非効率的。アスリートレベルになるので、通常食を摂ることが望ましい。

チートデイを行なう頻度は、体脂肪率によって違います。男性の体脂肪率を目安にご紹介します（表参照）。女性はプラス２～５％と考えてください。

生活リズムを考えると、１週間に１回か２週間に２回など、曜日を固定したほうが取り組みやすくなります。効率をそこまで求めないなら、たとえ体脂肪率20％であっても週に1回、○曜日はアルコール解禁などとしたほうがストレスも少なくなります。

食べる量は、ダイエット時の食事の１・５～２倍程度。「体重×40～45kcal」程度のカロリーが目安となります。

ただし、チートデイとはいっても１日中

ダラダラと食べるより、1日のうち1食だけ多く食べるようにするほうがいいでしょう。できれば、運動後に行なうのが理想的。運動習慣がない人は1日の早めの時間帯、遅くとも夕方前には実践するようにしてください。

〈チートデイの注意点〉

ダイエット時にそんなことをして大丈夫なのかとためらってしまうかもしれません。たしかに、中途半端にチートデイを行なうと逆効果です。やるときは思いきって食べてください。

たとえば、ダイエット時の食事量のままケーキやあんパンを食べるのではなく、その日はきちんと通常の量の食事をして、さらにケーキなどを食べるというようにしてください。

Point ❸ 水分摂取で代謝アップ

リセット期間では水分摂取が重要でしたが、ダイエット期間でも引き続き水分摂取は重要です。ダイエット期間は食事コントロールをするので水分摂取も少なくなりが

水分摂取の効果

効果1 体温が上がり基礎代謝アップ

お水を飲んだ直後は体が一時的に冷えます。下がった体温を元に戻そうとするホメオスタシス機能が働き、代謝が良くなり体温が上がりやすくなります。

効果2 デトックス効果

水を飲むと基礎代謝がアップします。基礎代謝が良くなると、尿や汗が体から排出されやすくなります。

体内の毒素は尿や汗・便に混ざって排出されるため、積極的に水を飲み排出を促すことは、体内から毒素を出す(デトックス)効果があります。

効果3 便秘解消で代謝アップ

しっかりと水分補給をすると、腸内の水分量が適切となり、便が排出されやすくなるため、「便秘解消」に役立ちます。

たとえ体を動かしダイエットをしていたとしても、便が腸に溜まっている状態では効果が半減。さらに「便秘」は腸内環境を崩し、美容やダイエットに必要となる栄養の吸収が阻害される可能性が高くなります。

ちですから気をつけてください。

水分カットをすると一時的に体重を減らすことはできます。しかし、長期的に考えると水分不足による代謝の低下を招き、体重は落ちにくくなっていきます。水分をよく摂って代謝を良くしなければ、体重は落ちにくいのです。

リセット期間に水分摂取の習慣を身につけてください。ただし、夜遅くに水分を多く飲むと、むくみの原因になるので、なるべく日中、活動している時間帯にしっかり摂取するように心がけましょう。

1日にどれくらい水分を摂取する

カリウムを多く含む食品(含有量mg/100g当たり)

・干しひじき	4400mg	・切干大根	3200mg
・焼き海苔	2400mg	・しいたけ(乾)	2100mg
・ごまめ	1600mg	・インゲン豆(乾) (茹で)	1500mg 470mg
・バナナ(乾)	1300mg	・小麦胚芽	1100mg
・干しブドウ	740mg	・ほうれん草(生) (茹で)	690mg 490mg
・サトイモ(生) (水煮)	640mg 560mg	・枝豆(冷凍) (生) (茹で)	650mg 590mg 490mg
・焼き芋	540mg	・ニラ(生)	510mg

のがいいですか？　という質問を受けることがよくあります。体調を崩すほど一度に大量に摂取しないかぎり、気にしなくて大丈夫ですし、飲んだ水分をトイレでしっかり排泄できていればＯＫです。もし、体重が増加したり、体重が落ちていかない場合は、水分代謝が悪いと考えてください。

１日に必要な水分摂取量の目安は、体重の４％ほどといわれています。50キロの人なら２リットル、60キロの人なら２・４リットルです。

飲んだ分をトイレで排泄できていれば、むくみの心配はないでしょう。もし、腎臓など内臓系の病気で排泄機能が低下している場合は、水分量はお医者様と相談するようにしてください。そうでなくても、むくみや水太り、体の冷えを強く感じるようなら、トイレにこまめに行く習慣を身につけましょう。163頁の表を参考にして利尿作用のあるカリウムを積極的に摂っておくのもいいでしょう。

水分調節は、血液やリンパ液などの体液循環をスムーズにするためにも大切です。ただし、食事はバランスが必要です。カリウムばかりでなく、ビタミン・ミネラル（127頁参照）も一緒に摂取したほうが吸収も高まり、代謝もアップしてダイエットもスムーズに進みます。

STEP 4

美腸ライフの定着
——意識を変えて自己肯定感アップ&体重維持

STEP3までしっかりこなせば、目標体重に近づいているはずです。でも、ダイエットはここで終わりではありません。目標を達成しても、そこで元の生活に戻してしまうと、リバウンドしやすいからです。いかに目標体重を維持していくか、それが何より大切なことです。

体重維持のポイントは腸をキレイにする生活を維持することですが、それには意識を変えることがとても大事です。そのためのポイントは４つです。

Point ❶思考の潜在意識を変える

潜在意識は、自覚できない無意識の意識です。思考パターン、習慣、好き嫌いなどは潜在意識と深くつながっています。ダイエットも、潜在意識を書き換えてあげることが必要なのです。

潜在意識にある「自分は太っている」というマイナスイメージを消しましょう。そして、「私はこれから太らない」と潜在意識に練りこみます。具体的には、寝る前と起きたときに、理想体型になった自分を思い浮かべます。そして大好きな自分をイメージしましょう。

Point ❷プラスの言葉を口にする

「痩せたい」という言葉は太っている人が使う言葉です。この言葉を言っているかぎり、潜在意識のなかでは自分は太っていると思っているのです。ですから、太る言葉をことごとく言い換えましょう。

「甘い物を食べたら太るのよね」↓「甘い物を食べても太らないのよね」

「こんなに食べたら太るわね」↓「こんなに食べても全然太らないのよね」

「痩せるのって大変」↓「痩せるのって超簡単」

ついつい「できない」「無理だ」「ダメだ」とマイナスの言葉が出てきそうになったら、全部プラスの言葉に置き換えて言いましょう。プラスのストロークで自己肯定感がアップしていきます。自信もどんどんついてきます。

Point ❸ 食べるときはポジティブに！

太りたくない！　と思うと、食事に対してマイナスなイメージを抱きがちです。でも、よく考えてみてください。少し食べすぎたからといって、それがすべて脂肪に変わるわけではありません。急に太るということはないのです。

食事はおいしく味わって、楽しく食べる！　「このご飯は食べてもいい」「これを食べても太らない」と思い込んで楽しく食べてください。食事を楽しむことで満足感が高まり、食への執着心が弱まるので食べすぎもコントロールできるようになります。

食事を楽しめる人のほうが痩せやすく、理想の体型を維持しやすいのです。

Point 4 生活リズムを整え、習慣にする

生活リズムが乱れると、自律神経やホルモンのバランスが崩れ、肥満につながりやすくなります。自律神経のバランスが整っていれば、体温調節機能が高まり、基礎代謝量が増え、体脂肪が燃えるので理想的な体型を維持できます。

そのためには、生活リズムを整え、規則正しい生活を送ることがいちばんです。「早寝早起き」「バランスのとれた食生活」「キビキビした行動」、そうして生活リズムを整えていくと意識が変わり、体だけでなく心にもいい影響があります。

自分がどのような生活をしているかを振り返ってみましょう。次の太る習慣のチェック項目を見てください。当てはまる項目が多いほど太るリスクが高くなります。

〈太る習慣チェック〉

□ 部屋が汚い
□ いつも荷物が多い
□ 財布はレシートやクーポン券でパンパン

□ 月末はいつも金欠状態
□ 服のシミや毛玉、髪の毛のプリン状態などがあまり気にならない
□ 電車内や歩きながら食べてしまうことがある
□ 他人といるときに少食ぶる
□ 自分へのご褒美は食べ物
□ ジムに通っているので普段は歩かない

チェックした項目はいくつありましたか。あったら、すぐに改善しましょう。理想的な1日の過ごし方を参考に示しておきます。太らない生活習慣も参考にしながら心も体も充実した快適な毎日を送ってください。

〈太らない生活習慣〉

・シャワーですまさず、バスタブにしっかり浸かる。
・朝起きてすぐコップ1杯の水を飲む。
・朝食は軽いもの（果物がおすすめ）でOK。必ず摂る必要はない。

・お通じが来なくても朝必ず5分トイレに入る。
・お酒の飲みすぎ、タバコの吸いすぎに気をつける。
↓すべては、基礎代謝を上げエネルギーを燃焼させること

理想の1日

起床

水分補給、フルーツなどの軽い食事
排便をすませ、ゴミ捨てなどの家事をすませる

駅まで早歩き
階段を使って駅のホームへ
電車内で美姿勢をキープ
会社まで筋肉を意識しながら早歩きで歩く

始業開始の少し前に掃除をして
デスク周りを整える

会社から歩いて5分ほどの店で
「魚の和定食」を食べる

退社
夕食の買い物

夕食
夕食の後片付けや拭き掃除をする

読書タイム

お風呂に浸かって体を温める
入浴後はしっかりマッサージをして
リンパの流れをよくする

寝る前に軽くストレッチ
自分のなりたい姿をイメージしながら就寝

5

章

エクササイズ編

ダイエットにいい究極の運動術！

ダイエットには無酸素運動のほうが効果的

筋トレや50メートルダッシュなどの「高負荷＋短時間」のトレーニングを無酸素運動といいます。対してジョギングや自転車などの「低負荷＋長時間」のトレーニングを有酸素運動といいます。

今までダイエットにおいては有酸素運動こそがいちばん効果があるといわれてきましたが、果たして本当なのでしょうか？

スポーツクラブに行くと、インストラクターが口を揃えて体脂肪燃焼には有酸素運動が効果的ですよと言います。そして、運動後20分経過した頃から体脂肪が燃えてくるので、最低20分は運動を頑張りましょう！ とも。でも、ジムのペースについていくのは大変だし、なかなか成果が出ないからモチベーションもダウン……。ジムにも行かなくなる……。こういう体験をする人が多いのが現状です。

有酸素運動では長い時間頑張った割に脂肪は少ししか燃焼しません。たとえば、ウォーキングを1時間したところで、おにぎり1個分くらいしか消費しません。そん

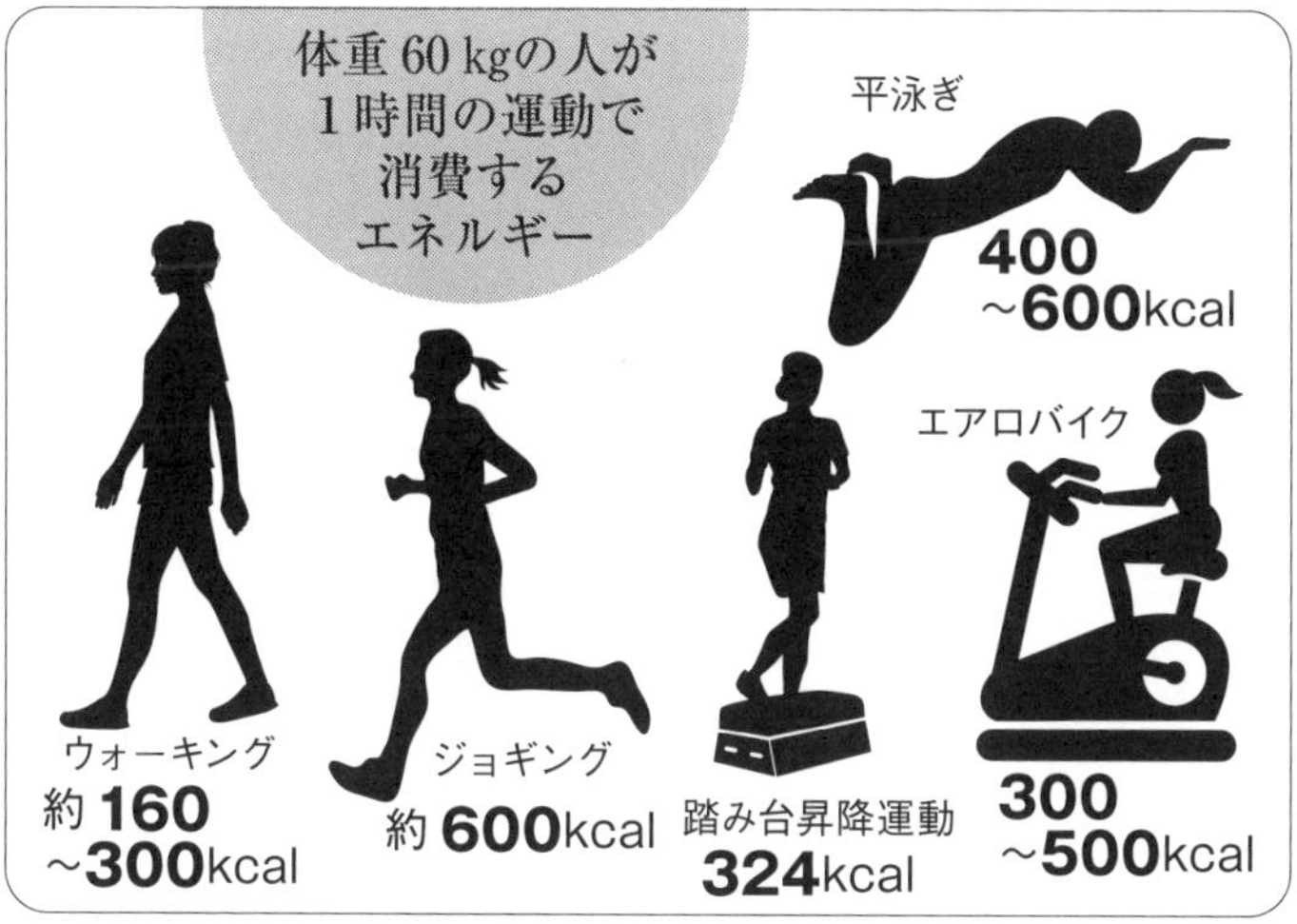

な有酸素運動を毎日1時間くらい続けても、それほど効果は期待できないでしょう。

そんな運動を毎日続けるなんて難しいことですよね。しかも、毎日やらないと効果がどんどん下がるといわれています。1日おきなら90%の効果、2日おきなら70%の効果、3日おきなら50%の効果、7日おきだと20%まで効果が下がってしまうともいわれます。

もちろん、やりはじめると、はじめは少しずつ体力と筋力は上昇しますし、体重も減少してきます。しかし、体が慣れてくると運動効果は落ちてきますし、体重減少もある程度のところまででストップしてしまいます。

無酸素運動の効果

◉筋力・代謝アップ	筋肉量を増やすことで基礎代謝をアップさせ、太りにくい体をつくる
◉ダイエット効果	体脂肪やコレステロールを減らす脂肪分解作用でダイエット効果がアップ
◉美肌＆アンチエイジング効果	美肌、バストアップ、育毛、老化防止などにも効果的
◉骨粗しょう症予防	骨量を増やすことで、骨粗しょう症を予防
◉免疫力アップ	糖を分解して体のエネルギーをつくることで、免疫力がアップ

無酸素運動も運動自体の消費カロリーだけを見ると有酸素運動と大差はありません。しかし、アフターバーン効果といって、運動後の酸素消費量がアップするので、結果的に無酸素運動のほうがエネルギー消費がはるかに多くなり、余分にカロリーが燃焼されるのです。

ダイエットに関するかぎり、有酸素運動だけでは時間がかかる割に効果が出にくく、続かなくなってしまいます。無酸素運動は短時間で効果が出てきますし、毎日続けなくても大丈夫です。ですから私は、ダイエットメニューに無酸素運動を積極的に取り入れています。

無酸素運動がダイエットに効果的なのは

消費カロリーがより大きいだけではありません。強めの運動をすると、筋肉の繊維が損傷し、それを治すために大量の「成長ホルモン」が分泌されます。「成長ホルモン」が分泌されると、より多くのエネルギーが使われるため体脂肪の燃焼がさらにスピードアップします。

20代をピークに成長ホルモンは分泌されにくくなりますが、無酸素運動を行なうことで、成長ホルモンの分泌も促進できます。成長ホルモンの分泌量は、無酸素運動なら数分のところが有酸素運動だと約30分はかかります。時間対効果で考えた場合は、圧倒的に無酸素運動といわれる「筋トレ」のほうが高いといえます。

無酸素運動と有酸素運動の組み合わせでさらに効果アップ

無酸素運動は、筋肉の「超回復」の仕組みを有効活用するためにも、むしろ2～3日おきのほうが望ましい運動で、毎日する必要はありません。

超回復とは、トレーニング後24～48時間くらいの休息をとって、成長ホルモンの働きにより傷ついた筋繊維を修復させること。この「休息⇓運動」を繰り返すことで、筋肉量を発達させることができます。

アメリカでは昔から、女性が痩せたいと思ってジムに来ると、筋トレをガンガンやらせるスタイルが常識です。トレーニングの最先端であるアメリカのトレーナーは、痩せるためにはまず筋肉をつけることが重要だとわかっているのです。

ダイエットにおいても、いちばん効果的な運動法は無酸素運動を行ない、そのあとに有酸素運動をすることです。筋トレで一気に脂肪分解に関わるホルモンを分泌させて、そのあと分解された脂肪酸を有酸素運動でどんどん燃やす。これが正しい脂肪燃焼の順番です。

とはいっても、誰でも彼でも週に3日も筋トレをして、その後に有酸素運動をするなんて簡単ではありません。そこで、私がダイエットの指導現場でやってもらっている美腸エクササイズがあります。これは、無酸素運動と有酸素運動を組み合わせたものので、誰でも1日3分続けるだけでダイエット効果を実感できます。ぜひ試してみてください。

1日3分エクササイズ

「太田式グレートダイエット」のエクササイズは、ただ体を動かすだけでなく、便秘を解消し、腸をキレイにすることが特長です。そのため「美腸エクササイズ」と呼んでいます。いちばんのポイントは、仙骨の歪みを取り除き、骨盤の歪みを調整することです。

腸のいちばん近くにある骨が仙骨です。これは、骨盤の中心にある逆三角形の骨です。姿勢を保つための土台になります。この仙骨が歪むと、女性ホルモンの分泌バランスが崩れたり、慢性的な便秘につながったりします。

仙骨が歪む原因はいろいろあります。どのくらい当てはまるかチェックしてみてください。普段の何気ない動作で仙骨は歪んでしまうことがわかります。

〈仙骨の歪みチェック〉

□ 脚を組んで座る

□ いつも片側でバッグを持つ
□ 女の子座りをよくする
□ 寝るときの姿勢はうつぶせが多い
□ 脚をクロスして立つと楽
□ 運動不足で筋力が低下している

美腸エクササイズは仙骨の歪みを取ることを主な目的としています。全身を伸ばしたり、腹筋を使ったりといった動きもあるので、ストレッチ効果、筋力アップ効果も期待できます。自宅で気軽にできる、取り組みやすさを重視して開発しました。

ダイエットのために「運動をやるぞ！」と意気込みすぎては長続きしません。気負いすぎて挫折してしまっては意味がありません。そこで私が提案するのが「1日3分」行なうだけのエクササイズです。

忙しい現代人でも1日3分なら時間をつくれるでしょうし、何より続けやすいはずです。私はクライアントさんに「1日3分くらいは自分の体と向き合う時間をつくりましょうね。たった3分、されど3分です」といつも言っています。

運動するならみっちり1時間ほどはやらないと意味がないのでは？　と思う方もおられるかもしれません。人間の体というのは正直で、やればやった分だけ効果があります。

だったら長い時間やったほうがいい！　と思われるかもしれませんが、1時間の運動を1週間続けるより、1日3分の運動を1カ月続けるほうが間違いなく効果があります。1日1時間と1日3分だったらどちらがより続けやすいかは一目瞭然ですよね。大事なのは毎日の積み重ねなのです。

1日3分の濃い時間を運動や筋トレに費やすだけで、理想のボディラインをつくる効果があるだけでなく、精神面にも好影響を及ぼしますので、生活や仕事、遊びにも活力が生まれてきます。

たった3分でも運動や筋トレをやれば、自分の気持ちの中で「やった」という充実感が生まれます。この充実感を少しずつ積み重ねていくことでモチベーションを維持していくことができるのです。

「今日はちょっと食べすぎちゃったな」と思っても、「ちゃんと3分間運動すれば大丈夫！」と思えば、前向きな気持ちのままでいることができます。私はこれを「リセット」と呼んでいます。

リセットするから思う存分食べていいということではありませんが……。でも、リセットすれば大丈夫だと思えば、負の感情に支配されない、ポジティブな気持ちでダイエットに取り組めるというのは大きなメリットです。

また、体を動かせば心もスッキリしてきます。仕事の合間、勉強の合間、家事の合間、いつでもどこでもリフレッシュできるのです。

美腸エクササイズのメニューは全部で11種類あります。このうち「美脚ワイドスクワット」「ウエストくびれエクササイズ」「背中美人スーパーマン」の3つが基本メニューになります。ひとつのエクササイズにつき1分ほど行なっていただき、1日3分、体を動かせばOKです。他のメニューは時間や気持ちに余裕があれば取り組んでください。全部やらなくてもいくつか選んでやってみてください。トレーニングと思わず、リラックスしながら楽しく続けることを優先しましょう。

「継続は力なり」です。1日3分でも、続けていると確実に効果を実感できます。

美腸エクササイズ

基本メニュー1　美脚ワイドスクワット……182頁
基本メニュー2　ウエストくびれエクササイズ……184頁
基本メニュー3　背中美人スーパーマン……186頁
エクササイズ1　キャットストレッチ……188頁
エクササイズ2　チャイルドポーズ……190頁
エクササイズ3　ガス抜きのポーズ……192頁
エクササイズ4　下腹引きしめエクササイズ……194頁
エクササイズ5　美尻ブリッジ……196頁
エクササイズ6　コブラのポーズ……198頁
エクササイズ7　全身伸ばし……200頁
エクササイズ8　メディテーション……201頁

エクササイズ監修
宮本奈実（ナミトレ代表）

基本メニュー1

美脚ワイドスクワット

【所要時間1分】

腹横筋や肛門括約筋、腰や背中の筋肉が鍛えられ、腸の蠕動《ぜんどう》運動を促します。排便力が上がり、お腹の張りが改善する効果も期待できます。気になる内もも、お尻の引きしめ効果も。

1 肩幅の 1.5～2倍程度に足を広げて立ちます。胸を張って背すじを伸ばします。顔は正面に。つま先はできるだけ外側に。両手を胸の前で組みます。

2 息を吸いながら、背すじは伸ばしたままゆっくりと腰を下ろしていきます。太ももが床と平行になるように。

3 息を吐きながらゆっくり立ち上がります。内ももを意識して、かかとに体重が乗るようにしましょう。

4 2～3を何回か繰り返します。

ポイント

・腰を下ろすとき、腰の反りすぎに注意します。膝がつま先より前に出ないように。
・お腹に力を入れ凹ませて行ないます（ドローイン）。
・膝から曲げようとすると膝に負担がかかります。股関節を先に曲げれば膝も自然と下がるため負担がかかりません。

基本メニュー2

ウエストくびれエクササイズ

【所要時間1分】

お腹の脇にある腹斜筋が鍛えられるので、ぽっこりお腹の解消に。お腹まわりのくびれづくりにも効果的。足を交互に上げ下げする動きで腸の蠕動運動を活発にします。

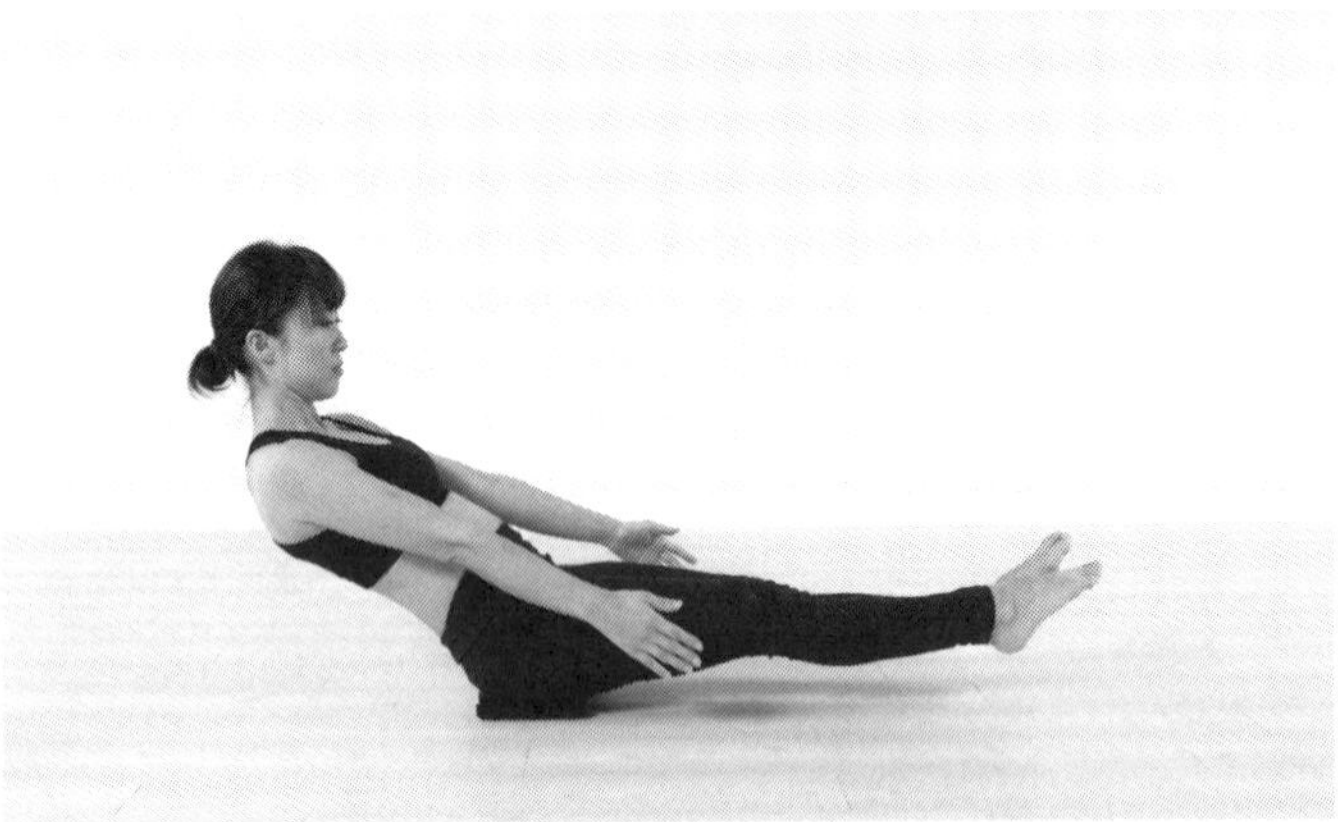

1 仰向けになって足を伸ばします。上体を起こしながら伸ばした足を床から浮かせ、お腹に力を入れてその姿勢を保ちます。

2 息を吐きながら上体を右にゆっくりひねります。同時に右膝を体の内側にもってくる意識で、左ひじと右膝を軽くタッチ。息を吐きながら元の姿勢に戻ります。

3 同様に手足を入れ替えて行ないます。
息を吐きながら上体を左にゆっくりひねります。同時に左膝を体の内側にもってくる意識で、右ひじと左膝を軽くタッチ。

4 2と3を交互に何回か行ないます。

ポイント

・お尻が痛ければ座布団やクッションを置いて。
・ひじと膝がつかなければ、できる範囲でOK。
・ひじと膝をつけた状態で5秒キープすると、さらに腸への刺激が高められます。

基本メニュー3

背中美人スーパーマン

【所要時間1分】

背中をはじめ、全身にアプローチができるスイミングのポーズは、猫背などの姿勢の改善、それに伴い首や肩こり、腰痛などの改善も期待できます。背中やお尻、太ももの引き締めに効果的。

1 うつ伏せになり、上半身を起こし、足を伸ばして少し浮かせます。

2 息を吸いながら、上半身を起こしたまま両腕を前方へ伸ばします。このとき腹筋を引き締めます。顎を高く上げてしまわないように注意しましょう。

3 伸ばした腕と足をバタバタさせます。まずは 10 秒間ほど続けて、慣れてきたら 30 秒、1 分と延ばしてみます。

4 終わったら、息を吐きながら右腕と左脚をゆっくり下ろす。肩甲骨に力が入りすぎないように気を付ける。

ポイント

・手足を上げたり下ろしたりする際、頭や首を上に上げすぎないように（首に負担がかかってしまい痛めてしまう可能性があります）。
・ひじや膝を高く上げようとするあまり、曲がってしまわないように気を付けましょう。
・慣れないうちは腕や足はムリをして高く上げなくてもいいので、腕や足の前後の伸び、速さ、呼吸などに気を付けましょう。

エクササイズ1

キャットストレッチ

【所要時間１分】

自律神経の通り道である背骨の歪みは便秘をはじめとした内臓の不調を招きます。背骨の歪みを解消するストレッチです。
軽い腰痛、腰まわりの疲れ、便秘、下痢、首の凝りの解消。背骨の歪み、骨盤の歪み解消といった効果も期待できます。

1 両手両膝を床につけた状態に。腕と膝はそれぞれ床と 90 度になるようにします。腕は肩幅くらいに広げます。

2 鼻から息を吸って、口から息を吐きながら、尾骨から徐々に曲げていくイメージで背中を丸めていきます。

3 再び鼻から息を吸います。頭と肩はリラックスした状態のまま腹筋に力を入れ、肺に空気が満たされるように十分吸い込みましょう。

4 口から息を吐きながら、尾骨から徐々に背中を反らせていきます。

5 2～4の動作を3～5回繰り返します。

ポイント

・背中に意識を集中して丸めましょう。
・背中を反らすとき腹筋を使うことを意識。

エクササイズ2

チャイルドポーズ

【所要時間１分】

猫背は首から肩、背中や腰のハリの原因になります。このエクササイズは腰をストレッチして緊張を取り除き、全身をリラックスさせて疲労を回復させます。優れた整腸作用があります。
ほかにも、自律神経系が整う、腰まわりの疲れ、便秘、下痢、首の凝りの解消といった効果も期待できます。

1 床に正座し、上半身をリラックスさせます。

2 息を吐きながらゆっくり上体を前に倒していきます。手のひらを床につけ、腕を伸ばします。腰を伸ばすことを意識。

3 伸ばせるところまで伸ばしたら、その状態を 30 秒キープ。その後ゆっくり元の姿勢に戻します。

4 この動きを2～3回繰り返します。

ポイント

・腕はできるだけまっすぐ伸ばします。
・なるべくお尻を浮かせないように。
・写真のように正座の足を崩して、左右にひねりを入れるとより効果的。

エクササイズ3

ガス抜きのポーズ

【所要時間1分】

腰をストレッチして緊張を取り除き、全身をリラックスさせて疲労回復させます。整腸作用にも優れています。
ほかには、軽い腰痛、腰まわりの疲れ、便秘、下痢、首の凝りの解消。

基本　赤ちゃんのポーズ

1 仰向けの状態から息を吐きながら両手で膝を抱え、お腹のほうに引き寄せます。

2 この状態を1分間キープします。

上級者　ハッピーベビーポーズ

1 「赤ちゃんのポーズ」の状態から息を吸いながら両足をつかみます（つかめないときは足首でもよい）。
足をつかんだまま膝を広げていき、膝を床につけます。ひざと床が直角になるのが理想的。

2 太ももをなるべく胴体のほうに引き寄せ、背すじを伸ばしていきます。尾骨が浮かないように気をつけましょう。同時にアゴを引いて首の後ろを伸ばします。

ポイント

・どちらのポーズもできるところまででＯＫ。
・勢いをつけて力ずくでやらないようにしましょう。

エクササイズ4

下腹引きしめエクササイズ

【所要時間 1 分】

ぽっこりお腹の解消に効果的。下腹部から腹圧を高めていくことで腸の刺激が高まります。とくに 120 度の体勢は腸のガス抜きにも効果大。

1 仰向けになり、足をまっすぐ伸ばします。下腹に力を入れ、足を少し浮かします。

2 そのまま息を吐きながら頭の中で8つ数え、足を 30 度の高さまで上げていきます。
その姿勢のまま息を吸って体勢を整え、同様に息を吐きながら頭の中で8つ数え、足を 45 度の高さまで上げていきます。
同じ要領で 60 度、90 度、120 度まで上げていきます。

3 120 度までやったら今度は足を下げていきます。同じように8つ数えながら行ないます。

4 2～3を3回繰り返します。

ポイント

・8つ数えるのが厳しければ、最初はゆっくり上げ下ろしを繰り返すだけでも OK。
・膝を伸ばしたまま行なうことで、効果的に下腹に刺激を与えることができます。
・膝を伸ばして行なうのが難しければ、膝を曲げた状態で行なっても大丈夫です。膝を伸ばすと腰が反るようなら、膝を曲げて行ないます。

エクササイズ5

美尻ブリッジ

【所要時間１分】

お尻の中臀筋と大臀筋、お尻の引きしめ効果があります。

1 仰向けになって両足の裏を合わせます。

2 その状態からお尻をもち上げていきます。腰で反ろうとせず、そけい部をもち上げるイメージで。

3 いちばん高い位置に来たとき、お尻にキュッと力を入れる。

4 ゆっくり元に戻します。この上下運動を何回か繰り返します。

ポイント

・お尻に力が入っているか触ってチェックしてみましょう。
・足裏を合わせた状態で行なうのがきつければ、足裏を床につけたままで行なっても大丈夫です。
・足裏を合わせて行なうと内ももの引きしめに効果的。

エクササイズ6

コブラのポーズ

【所要時間１分】

骨盤の歪み改善に効果的です。ウエストのくびれづくりも期待できます。

1 うつ伏せになり、足の裏を合わせます。手は体の近くに置き、上体を少し上げます。

2 ゆっくり腕を伸ばしながら上体を上げていきます。同時に足を広げながら伸ばしていきます。つま先は外側に向け、足の甲は伸ばして。

3 上体が起きたら口で息を吐き、鼻で吸い、息を止め、お腹をふくらませます。

4 息を吐きながら1の姿勢に戻ります。

5 2～4を2～3回繰り返します。

ポイント

・腰の反りすぎに注意。
・お腹の伸びを感じるように上体を起こしていきます。
・呼吸をうまく取り入れることで、さらに奥のインナーマッスルが伸びます。

エクササイズ7

全身伸ばし

【所要時間１分】

骨盤調整、血流アップ、肩こり緩和、二の腕の引き締め、くびれづくりにも期待。

1 膝をつけてまっすぐ立ちます。猫背になったり背中が曲がったりしないように気をつけましょう。

2 息を吸いながら、上から引っ張られるようにイメージして全身を伸ばします。

ポイント
・肩甲骨が内側に寄るのを意識。
・ひじをまっすぐ伸ばします。

エクササイズ8

メディテーション

【所要時間1分】

リラックス効果。アルファ波が出ることで自律神経系が整っていきます。気持ちの切り替えができるようになります。

1 姿勢を正します。
エネルギーは背骨を伝わって移動するので、姿勢を正すことによりエネルギーの循環がスムーズに。

2 目をつむり、深く深呼吸。息をすることだけに集中。このとき、できるだけ長い時間をかけて呼吸します。慣れれば一呼吸に30秒程かけて呼吸してみましょう。

ポイント

・あれこれと雑念が頭をよぎりますが、それらを追わないことが大事。最初は難しいかもしれませんが、慣れれば自然にできるようになっていきます。

おわりに

私はプロボクサーとして、試合に向けて自分を極限まで追い込み、体と心に向かい合ってきました。だからこそ、ダイエット時のメンタルや衝動が痛いほどわかります。また、自分の体をコントロールするための知識があり、慣れてもいます。本書で紹介したように、適正ではない食生活における影響を自分の体で試すことができるのも、そのためです。

けれど、一般の方々は短期間で劇的に体重を落としたり（ボクサーは計量後にある程度体重を戻します）、自分の体に悪いことをしたりすべきではありません。ダイエットはイベントではなく習慣。あなたをつくる生き方そのものです。正しい生き方を選べば、心身共に美しく健康で、輝く毎日が送れるのです。

腸を整え、よい食生活と適度な運動を続けること。改めてはじめると考えると「できるかな？」と思うかもしれませんが、毎日起きて、食べて、仕事をし、趣味を楽しみ、寝る。そういった日常のなかで、日々当たり前に続けていけるのが「太田式グレートダイエット」です。生活の中に組み込み、習慣化できるようにつくりあげました。そして習慣化するまでは、寄り添ってサポートもします。

もちろん「その日までに美しく痩せる」というモチベーションも大切です。それを叶えるために全力でお手伝いします。けれど叶えて終わりでは意味がありません。手に入れた健康的な美しさを、自然にキープしていくためのメソッドが、「太田式グレートダイエット」です。

ダイエットの成功をきっかけに、その方の人生が好転していくこと。それが私の喜びです。一生の美容健康法となるダイエットを、自分のものにしていただければ幸せです。

また、最後になりますが、この本の出版にあたり長い期間原稿整理にお付き合いくださり、貴重なご意見をくださったコスモ21の山崎社長はじめ、社員の皆様に感謝申し上げます。

さらに、私の提唱するダイエットを実践してくださっているクライアントの皆様、当スタッフにも感謝いたします。

この本が皆様の人生が輝くための指針書になってくれることを心より願っています。

もっと自分が好きになる！ 究極のスリムダイエット術

2018年11月9日　第1刷発行
2019年1月23日　第3刷発行

著　者――――太田優士

発行人――――山崎 優

発行所――――コスモ21
〒171-0021　東京都豊島区西池袋2-39-6-8F
☎03(3988)3911
FAX03(3988)7062
URL http://www.cos21.com/

印刷・製本――中央精版印刷株式会社

定価はカバーに表示してあります。

ISBN978-4-87795-371-3 C0030